KB265637

열다섯 걸음만 가면 성공이 보인다

열다섯 걸음만 가면 성공이 보인다

초판 1쇄 인쇄일 _ 2006년 8월 1일
초판 1쇄 발행일 _ 2006년 8월 7일

지은이 _ 유철기
펴낸이 _ 최길주
본문삽화 _ 이주용

펴낸곳 _ 도서출판 BG북갤러리
등록일자 _ 2003년 11월 5일(제318-2003-00130호)
주소 _ 서울시 영등포구 여의도동 14-5 아크로폴리스 406호
전화 _ 02)761-7005(代) | 팩스 _ 02)761-7995
홈페이지 _ http://www.bookgallery.co.kr
인터넷 한글주소 _ 북갤러리
E-mail _ cgjpower@yahoo.co.kr

ⓒ 유철기, 2006

값 8,500원

* 저자와 협의에 의해 인지는 생략합니다.
* 잘못된 책은 바꾸어 드립니다.

ISBN 89-91177-21-2 03320

행복한 미래를 여는 Key 15

열다섯 걸음만 가면 성공이 보인다

유철기 지음

BG 북갤러리

미래는 예견하고 창조하는 것이다

사람들은 누구나 미래에 대한 희망을 가지고 있다. 그런데 미래에 대한 희망을 구체화하는 데는 서로 다른 방법으로 접근한다. 꿈을 이루기 위한 방법이 무엇이든 개인에게 있어서의 미래는 자신이 예견하고 창조하는 것이다.

우리가 생각하는 모든 상상력이 우리의 미래를 창조한다.
Every thought we think is creating our future. (Louise Hay)

미래를 내다보고 개척하는 예견과 창조는 이렇다. 예견의 사전적 의미는 '일이 있기 전에 미리 아는 것'이다. 말 그대로 예상하고 추측하여 미래의 모습을 그리는 것이다. 한편, 창조의 사전적 의미는 '어떤 목적으로 문화적, 물질적 가치를 이룩하는 것'을 의미한다. 즉 노력하여 그렇게 되도록 만드는 것이다. 따라서 우리의 인생살이에 있어서 미래는 자신이 원하는 바를 예견하고 그렇게 되도록 창조하는 것이다.

LG는 무한한 가능성을 향해 과감히 도전하는 젊은이를 원한다. 치열한 글로벌 경쟁에서 승자가 되려면 창의적인 사고로 누구도 모방할 수 없는 새로운 기회를 창출해야 한다. (구본무, LG그룹 회장)

당신은 당신의 미래를 예견만 하고 기다릴 것인가? 아니면, 능동적으로 당신을 위한 미래를 창조할 것인가?

새로운 것을 만들어 내는 창조에는 피나는 노력이 내포되어 있다. 즉, 고난과 역경의 노력이 전제되는 것이다. 사람들은 우리가 살고 있는 21세기를 지식정보화 사회라고 말한다. 지식정보화 사회는 정보통신 발달의 산물인 인터넷 사용의 대중화를 통하여 빠르게 지구촌을 하나로 연결하고 있다.

인터넷 혁명은 18세기에 대두된 산업혁명과는 달리 가상의 전자

공간을 창출하고, 시간, 공간, 거리의 전통적 개념을 소멸시키고, 상호작용적 기능(Interactive)을 실현시키는 것이 특징이다. 그리고 인터넷 혁명의 특징은 음향, 문자, 영상 등 데이터를 디지털 통신방식으로 전달하는 점이다. 인터넷 혁명은 국민 경제와 개별 경제에 대해 엄청난 영향을 미치고 있을 뿐 아니라 세계 경제에 대해서도 커다란 영향을 미치고 있다. 다시 말하면 인터넷 혁명은 세계화(Globalization)에 괄목할만한 충격을 미치고 있다.

〈신현종, 영남대 교수〉

세계화는 국가 간의 벽을 무너뜨리고 사람들의 왕래를 빈번하게 만들었을 뿐만 아니라 국가간의 생존경쟁을 더욱 치열하게 만들고 있다.

세계화는 효율성 지상주의를 뜻한다. 모든 것이 효율성으로 평가되

국가 간의 생존 경쟁이 치열하다는 것은 곧 개인 간의 생존 경쟁은 더욱 더 치열해지고 있음을 의미한다. 이제 개인은 자국 내에서의 경쟁을 뛰어넘어 세계 속의 경쟁에서 살아남아야 한다.

그런데 인간의 평균 수명은 시간이 지날수록 증가하고 있으며 출생률은 현저히 줄어들고 있다. 이는 생존 경쟁이 더욱 치열해지고 있음을 의미한다.

세계보건기구(WHO)가 7일 세계 보건의 날을 맞아 발표한 2006년 세계보건보고서에 따르면 한국 남성의 평균 수명은 73세, 여성은 80세다. 이는 미국 남성 75세, 여성 80세, 영국 남성 76세, 여성 81세에 가까운 것으로 한국인의 평균 수명이 선진국과 비슷한 수준임을 보여주고 있다. 지난 2003년 세계보건보고서에서 추산한 한국 남녀의 종전 평균 수명은 75.5세여서 3년 만에 1.5세가 증가한 셈이다. (2006. 4. 7, www.newstown.co.kr)

그러면 이러한 치열한 경쟁 속에서 살아남기 위해서 우리는 어떻게 해야 하는가? 개인의 입장에서 보면, 늘어난 수명만큼 경제활동 기간도 연장되어야

함을 암시한다. 투 잡(Two Jobs) 또는 쓰리 잡(Three Jobs)이라는 말이 나오는
이유가 바로 여기에 있다. 안락한 노후를 위해서는 새로운 경제활동의 방법을
찾아야 한다.

노후생활과 관련, 미국의 한 보험회사의 통계자료에 따르면 미국인들이 65
세가 되면 36%는 사망하고, 54%는 무일푼의 신세가 되며, 5%는 여전히 일을
해야만 먹고살 수 있으며, 풍요로운 삶을 사는 사람은 단지 4%에 불과하고, 오
직 1%만이 백만장자로 여유로운 삶을 살 수 있으며, 백만장자 중 74% 정도는
자영사업으로 성공한 사람들이라고 한다.

우리의 사정도 이와 크게 다를 바 없을 것이다. 그렇다면 이렇게 급변하는
불확실성 속에서 사는 우리는 어떻게 해야 하는가?

자신의 경쟁력을 길러야 한다. 자신이 지닌 우수성을 개발하고 발전시켜야
한다. 안락한 노후 준비를 위한 새로운 형태의 경제활동을 해야만 한다.

여기서 나는 행복한 미래를 창조하기 위한 'Key 15'를 제시한다. 이 키들을
통하여 당신은 미래를 창조하는 주인이 될 수 있다.

2006년 7월

유철기

▌차 례▐

미래를 창조하기 위한
당신의 자세는?

행복한 미래를 여는 *Key 15*

*Key*_1

우수성 개발하기

당신의 어린 시절 꿈은 무엇이었는가? 그리고 그것이 현재 당신의 꿈인가? 당신은 그 꿈을 어떻게 이룰 것인가?

당신은 자신이 다니던 초등학교의 운동장이 얼마나 넓었는지 기억하는가? 만일 기억나지 않는다면 시간을 내어 자신이 다녔던 초등학교에 가보기를 권한다. 그리고 지금도 그 운동장이 그 때처럼 넓어 보이는지 살펴보시기 바란다.

우리가 어렸을 때 마음속에 품은 꿈은 아주 컸다. 운동장도 넓었다. 그러나 우리가 성장하면서 운동장이 좁아 보이기 시작하고, 우리의 가슴속에 품고 있던 꿈도 마음속에서 서서히 멀어져간다.

우리의 신체는 시간이 지남에 따라 성장하지만 운동장의 크기는 변하지 않는다. 따라서 똑같은 운동장도 초등학교 1학년 때 보았던 운동장의 크기와 지금 현재 당신이 바라보는 운동장의 크기가 달라 보이는 것이다. 이는 또한 가능성에 대한 당신의 시각이 달라지고 있음을 보여주는 좋은 예이다.

꿈은 어떤가? 천진난만하던 어린 시절, 우리는 모든 것을 할 수 있는 것으로 보았다. 그런데 지식을 습득하고 세상을 접하면서 사물을 보는 시각이 달라지고 할 수 없는 것에 대한 존재를 경험하게 된다. 마음속에 품었던 꿈이 희미해지기도 하고 자신감을 잃기도 한다. 물론 다 그런 것은 아니지만, 많은 사람들은 이러한 방법으로 세상을 살아간다.

이러한 현상에 대해, 나는 꿈에 관한한 이러한 보편적 현상을 바꾸자고 제안한다. 더 많은 지식과 더 많은 세상 경험을 더 큰 꿈을 이루는 도구로 활용하자는 것이다. 분명 우리 주변에는 그러한 방법으로 세상을 다르게 살아가는 사람들이 많이 있다. 그런 점에서 브라이언 트레이시(Brian Tracy)의 말은 시사하는 바가 크다.

> 모든 성공적인 사람들은 위대한 몽상가들이다. 그들은 그들의 미래가 어떨 것인지 모든 점에서 이상적인 목표를 상상한다. 그런 다음에는 그들의 먼 비전, 그 목표 또는 목적을 향하여 매일 노력한다.
>
> All successful men and women are big dreamers. They imagine what their future could be, ideal in every respect, and then they work every day toward their distant vision, that goal or purpose.

당신은 어떤가? 많은 평범한 사람들 속에 속하는가, 아니면 다르게 살아가는 사람인가? 우리는 누구나 많은 사람들과 함께 하기를 바란다. 대중 속에 있는 것이 편안하고 안전하게 느껴지기 때문이다. 공병호 박사는 이러한 현상을 '경계를 넓혀 가는 사람'이라는 글에서 '자신이 정한 경계'라고 표현한다.

key_1 미래를 창조하기 위한 당신의 자세는?

**

보통 사람들과 같은 일만해서는 보통 사람 이상이 될 수 없다. 나만의 개성을 찾아야 한다. 내가 주인이 되어 내 삶의 세계를 개척해야 한다. 현재 자신이 가지고 있는 경계를 확장하여 미래를 개척해야 한다.

사람은 이 세상에 태어났다는 사실 그 자체만으로도 우수하다는 것을 입증하는 것이다. 그것은 생물학적으로 우성의 유전인자를 갖지 않고서는 생명이 만들어질 수 없기 때문이다. 그리고 이 세상에는 똑같은 성격이나 외모를 가진 사람은 단 사람도 존재하지 않는다. 일란성 쌍둥이의 경우도 똑같지는 않다. 그럼에도 대부분의 사람들은 자신이 가진 우수성을 제대로 발견하여 사용하지 못하는 경우가 많다.

어느 숲 속에 나무를 잘 기어오르는 재주를 가진 다람쥐와 하늘을 잘 나는 재주를 가진 올빼미 그리고 오직 땅위를 걷고 달릴 수만 있는 많은 동물들이 살고 있었습니다. 여러분이 잘 알고 있는 바와 같이 다람쥐와 올빼미가 태어날 때부터 나무를 기어오르고, 하늘을 날지는 못했습니다. 시간이 지나면서 자신들이 선천적으로 타고난 우수성을 어미 혹은 같은 종류의 먼저 태어난 다른 동물들이 하는 행동을 모방을 통하여 그대로 받아들였기 때문입니다. 땅위를 걷고 뛸 수만 있는 동물들은 나무를 기어오르고, 하늘을 날 수 있는 이들이 너무 부러웠습니다.

그 중 다람쥐 한 마리는 자신과 올빼미를 비교하여 날 수 없는 것을 한탄하며 허송세월을 보냅니다. 삶이 재미가 없었습니다. 그러던 어느 날 다람쥐는 나무를 기어오르다 나뭇가지에 앉아있는 올빼미 한 마리를 발견합니다. 하늘을 나는 법을 알려 달라고 부탁합니다. 올빼미는 나뭇가지에 사람도 다람쥐의 경우와 다르지 않다. 자신이 가진 재능을 두고 다른 사람이 가진 재능을 부러워하다보면, 자신이 가진 재능까지도 제대로 사용하지 못하는 잘못을 저지를 수 있다. 당신만이 지닌 독특한 우수성을 개발하고 더욱 발전시켜야 하는 이유이다.

성공적인 삶을 위해서는 어떤 일이든 자신의 마음이 끌리는 일에 몰두해야 한다. 적당히 해서는 결코 원하는 결과를 가져오기가 쉽지 않다. 자신이 좋아하고 몰두할 수 있는 일에 온 정성을 다해야 한다.

또한 어떤 일이든 새롭게 도전하고 원하는 결과를 얻기 위해서는 자신의 현재 상황을 정확하게 아는 것이 무엇보다도 중요하다.

당신은 자신에 대해 스스로 어떻게 생각하고 있는가? 당신이 당신에 대해 어떻게 생각하고 있는지를 알기 위해서는 다음의 몇 가지를 살펴보아야 한다.

첫째, 자신을 알아야 한다. 즉, 내가 누구인지, 나의 방해물 혹은 장애물은 무엇인지, 나의 재능 혹은 포부는 무엇인지 진지하게 생각해 보아야 한다.

모험은 그 자체로 목적이 될 수 있다. 자아 발견은 대담함
을 자극하는 신비한 원료이다.
Adventure can be an end in itself. Self-discovery is the secret
ingredient that fuels daring. (Grace Lichtenstein)

둘째, 자신을 인정해야 한다. 지금 현재 나는 어떤 상황에 있는지,
내가 가진 긍정적인 면과 부정적인 면을 인정해야 한다. 현실을 정확
히 알 때만 우리는 변화할 수 있다.

당신의 고지를 결정하는 것은 당신의 재능이 아니라 당신
의 태도이다.
It's your attitude, not your aptitude, that determines your
altitude. (Zig Ziglar)

셋째, 자신을 통제해야 한다. 분명하고 자각적인 목적을 설정해야
하며, 자신을 그 목적에 맞게 훈련해야 한다.

당신의 두뇌는 끄는 스위치가 없는 기계와 같다. 만일 당

넷째, 자신을 표현해야 한다. 자신의 내면으로 들어가 자신을 위한 의미와 목적은 무엇인지 확인해야 한다. 자신이 자신의 삶에 되돌려 주고 봉사할 수 있는 방법이 무엇인지 확인해야 한다.

결국, 인생은 내가 누구인가를 아는 것에서 시작하여 자신이 지닌

우수성을 찾아내고 발전시키며, 자신이 처해 있는 여러 상황을 알고
어디를 향하여 가고 있는지를 발견해 가는 과정이라 할 수 있다.

당신의 마음이 생각할 수 있는 것을 믿을 수 있는 것이면
무엇이든, 그것은 성취할 수 있다.
Whatever your mind can conceive can believe, it can
achieve. (Napoleon Hill)

1. 나는 누구인가?

1) 나의 재능은 무엇인가?

2) 나의 포부는 무엇인가?

3) 현재 상태에 있어 나의 행동이나 생각에 방해요소 또는 장애요인은 무엇인가?

2. 나는 현재 어떤 상황에 있는가?

1) 내가 가진 긍정적인 면은 무엇인가?

2) 내가 가진 부정적인 면은 무엇인가?

key_1 미래를 창조하기 위한 당신의 자세는?

3. 나는 나를 잘 관리하고 있는가?

1) 나의 인생 목적은 무엇인가?

2) 나의 목적 달성을 위해 내가 하고 있는 일은 무엇인가?

4. 나는 나를 잘 표현하고 있는가?

1) 나의 인생의 의미는 무엇인가?

2) 나의 삶을 위해 어떻게 봉사할 수 있는가?

※ 당신의 현재의 생각, 느낌, 행동에 근거해서 0에서 4까지 당신의 평점을 매기세요.

> 0 = 이런 식으로 생각하거나 느끼거나 행동해 본적이 전혀 없다.
> 1 = 가끔 그렇게 한다.
> 2 = 보통이다.
> 3 = 자주 그렇게 한다.
> 4 = 항상 이런 식으로 생각하거나 느끼거나 행동한다.

____ 1. 나는 내가 성장하고 발전한 대로의 현재의 나를 좋아하고 인정한다.

____ 2. 나는 내가 하고 있는 일 때문이 아니라 내 존재 때문에 가치 있다. 나의 가치를 얻으려고 할 필요는 없다.

____ 3. 나는 다른 사람의 필요를 충족시키기 전에 나의 필요를 충족시킨다. 나는 나의 필요와 나의 파트너, 가족의 필요에 균형을 맞춘다.

____ 4. 나는 다른 사람들이 나를 비난하거나 비평할 때 부정적인 감정을 쉽게 놓아준다.

____ 5. 나는 항상 내가 느끼는 것에 대해 자신에게 진실을 말한다.

key_1 미래를 창조하기 위한 당신의 자세는?

_____ 6. 나는 자신과 다른 사람들을 비교할 수 없으며 비교하는 것을 중단한다.

_____ 7. 나는 나의 성취, 외모, IQ, 학력, 재산에 상관없이 다른 사람들과 똑같은 가치로 느낀다.

_____ 8. 나는 나의 느낌, 감정, 생각, 행동에 책임을 진다. 나는 내가 느끼고, 생각하고, 행동하는 것에 대해 다른 사람들을 믿거나 비난하지 않는다.

_____ 9. 나는 나의 실수를 부인하거나 나의 가치 없음을 확인하는데 사용하는 대신에 그것을 통하여 배우고 성장한다.

_____ 10. 나는 친절하고 도움이 되는 자기 대화로 나 자신을 양육한다.

_____ 11. 나는 나 자신을 사랑하고, 존경하고, 예우한다.

_____ 12. 나는 다른 사람들이 나의 기대에 미치지 못하거나 그들의 행동이나 신념을 내가 좋아하지 않더라도 있는 그대로 그들을 받아들인다.

_____ 13. 나는 다른 사람들의 행동, 필요, 생각, 분위기 또는 감정에 책임이 없으며, 단지 나 자신의 기대, 나 자신의 어린 시절에 대해서만 책임이 있다.

____ 14. 나는 내 주변의 다른 사람들이 다르게 생각하고 느낄 때도, 나 자신의 감정을 느끼고 나 자신의 생각을 생각한다.

____ 15. 나는 나 자신에게 친절하며 반드시 해야 한다, 꼭 해야 한다는 말을 사용하지 않으며 가치판단으로 나를 억제하지 않는다.

____ 16. 나는 다른 사람들이 자신만의 해석과 나에 대한 경험을 가지는 것을 허용하며 내가 그들의 지각과 나에 대한 의견을 통제할 수 없다는 것을 알고 있다.

____ 17. 나는 두려움과 불안정에 직면하며, 치료와 성장을 위해 적절한 조치를 취한다.

____ 18. 나는 실수를 저지르는 것과 부주의한 것에 대해 나 자신과 다른 사람들을 용서한다.

____ 19. 나는 다른 사람들에 대한 나의 지각과 그들에 대한 나의 반응에 책임이 있음을 인정한다.

____ 20. 나는 다른 사람들을 위압하지 않으며, 다른 사람들이 나를 위압하는 것을 허용하지 않는다.

_____ 21. 나는 나 자신의 권위를 가진다. 나는 나 자신과 다른 사람들의 최선의 이익을 더 할 의도로 결정을 내린다.

_____ 22. 나는 내 삶의 의미를 찾으며 목적을 가진다.

_____ 23. 나는 내 삶에서 공평한 거래로 균형을 맞춘다. 나는 다른 사람들과 적당한 거리를 가지고 있다.

_____ 24. 나는 내 삶에서 내가 좋아하지 않는 것을 바꿀 책임이 있다.

_____ 25. 나는 모든 사람들을 그들의 신념과 행동에 상관없이 사랑하고 존경할 것을 선택한다. 나는 다른 사람들을 그들과의 직접적인 관계 없이도 사랑할 수 있다.

■ 이 검사가 자존심을 정확하게 측정하지는 못합니다. 낮은 자존심에 영향을 주는 신념, 감정, 행위를 구별합니다. 이 검사에 사용된 말들을 당신의 신념을 새롭게 하는 확언으로 사용하십시오.
작은 카드에 기록하여 수시로 보고, 자신의 목소리로 녹음을 하여 반복적으로 들으면 좋습니다.

■ 이 검사는 http://www.innerworkspublishing.com/inventory.htm에서 발췌, 번역한 것입니다.

당신은 어떤 인생을
살기 원하는가?

인생 목표 세우기

목표에 도달하는 것은 흥미 있다. 그것을 보고 행하고, 그
것을 느끼고 행하라.

Reaching goals is exciting ; see it-do it, feel it-do it.

(Mike Brescia)

루이스 캐롤(Lewis Carroll)의 《이상한 나라의 앨리스의 모험
(Alice's Adventures in Wonderland)》에서, 앨리스가 숲 속 길을 따라
걷고 있는 데 두 갈래 길이 나타났다. 우물쭈물 서 있다가, 근처 나무
에서 갑자기 나타난 고양이(Cheshire)에게 자신이 어느 길로 가야 하

는지를 물었다.

"여기서 제가 어느 길로 가야 하는지 좀 알려주세요."

"당신이 어디로 가기를 원하느냐에 달려있지요." 고양이가 말했다.

"어디로 가든지 상관없습니다." 앨리스가 말했다.

"그렇다면 당신은 어디로 가든지 상관없잖아요"라고 고양이가 말했다.

이야기 속의 주인공 앨리스처럼 많은 사람들은 자신이 가야 할 길을 알지 못하고 방황하는 경우가 많다. 인생의 목표가 없이 방랑자처럼 살아가면서 "나는 왜 사업이 잘 안되지?", "나는 왜 남들처럼 빨리 승진하지 못하지?", "나는 왜 남들처럼 공부를 못할까?", "나는 왜 영어를 못하지?", "나는 왜 이렇게 되는 일이 없지?", "우리 집은 왜 돈이 부족하지?" 등 의문을 제기한다.

우리가 어떤 일을 하던지 목표가 분명하고 그 목표를 달성하기 위한 마음의 자세가 되어 있다면 하지 못할 일은 없다. 이 세상에 살고 있는 다른 사람들이 이미 했고, 지금 하고 있으며, 앞으로 할 수 있다고 생각하는 일은 나도 할 수 있는 일이다.

내가 어떻게? 생각을 바꾸면 된다.

그러나 그 생각은 실천 가능해야 한다. 다음에 영어공부를 하겠다는 여러 사람의 결심을 예를 들어 소개한다. 어떤 사람의 결심이 더 실천가능하고 더 바람직한 결과를 낼 것이라고 생각하는가?

"나는 매일 영어공부를 하겠다." (영수)

"나는 매일 30분씩 영어공부를 하겠다." (영미)

"나는 매일 30분씩 영어 테이프를 듣겠다." (영호)

"나는 매일 아침 식사 전에 30분씩 영어 책을 읽겠다." (영애)

영수는 매일 영어공부를 하겠다는 결심을 하고 있다. 그러나 얼마의 시간을 할애할 것인지, 무슨 내용을 공부할 것이지가 불분명하다. 영미의 경우 매일 30분씩 영어공부를 한다는 점에서 좀 더 구체적이지만 무슨 내용을 공부할 것인지가 명확하지 않다. 영호의 경우 매일 공부할 시간과 내용이 구체적이다. 앞의 두 사람보다 실천하고 결과를 내기에 더 바람직하다. 그러나 하루 중 언제 테이프를 들을 것인지가 확실치 않다. 영애의 경우 공부할 시간과, 공부할 내용, 하루 중 공부를 할 때를 명확히 기술함으로써 훨씬 더 실천가능하고 원하는 결과를 얻을 가능성이 높다.

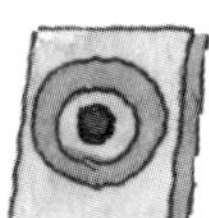

열다섯 걸음만 가면 성공이 보인다

**

어떤 일을 하면서 분명한 목표가 없는 것은 마치 망망대해를 항해하는 배가 목적지가 어디인지 알지 못하고 물 위에 떠 있는 것과 같다. 당신은 어떤 삶을 살고 싶은가? 항구를 찾지 못하고 바다에 떠 있을 것인가? 아니면 정기적으로 당신이 원하는 항구에 정박하여 다음 출항을 준비하고 새로운 목적지를 향하여 출발을 하고 싶은가?

어떤 일을 효과적으로 하기 위해서는 그 일 자체에 대한 준비 작업이 중요하다. 이런 작업이 컴퓨터의 소프트웨어라고 한다면, 그 일을 하기 위한 마음의 준비는 더 중요하고 소프트웨어를 잘 운용할 수 있는 하드웨어와 같다. 아무리 좋은 소프트웨어가 있다하더라도 하드웨어가 그 소프트웨어를 돌릴 수 있는 용량을 갖추지 못하면 아무런 소용이 없다. 가장 중요한 것은 마음의 자세이다.

> 내가 평생 동안 새벽 일찍 일어나는 것은 그날 할 일이 즐거워서 기대와 흥분으로 마음이 설레기 때문이다. 아침에 일어날 때 기분은 소학교 때 소풍가는 날 아침, 가슴이 설레는 것과 똑같다. 또 밤에는 항상 숙면할 준비를 갖추고 잠자리에 든다. 날이 밝을 때 일을 즐겁고 힘차게 해치워야겠다는 생각 때문이다. 내가 행복감을 느끼면서 살 수 있는 것은 이 세상을 아름답고 밝게, 희망적으로, 긍정적으로 보기 때문에 가능한 것이다. (고 정주영 현대그룹 회장)

어떤 일을 준비하고 계획을 세우는 것 등이 컴퓨터의 소프트웨어라고 한다면, 마음 자세를 바로 세우는 일은 컴퓨터의 하드웨어와 같다.

소프트웨어를 효과적으로 활용하고 그 소프트웨어가 가진 기능을
제대로 발휘하기 위해서는 그 소프트웨어를 운용할 수 있는 하드웨
어가 있어야 하고, 하드웨어의 성능을 테스트하고 적당한 환경을 구
축해야 한다. 지금 당장 새로운 일이라는 게임을 하고 싶어도 조금만
참아야 한다. 먼저 게임을 할 수 있는 마음의 자세를 갖추어야 한다.
확고한 마음의 자세가 확립되면 그것을 실행할 수 있는 적당한 시간
과 장소를 정해야 한다. 그냥 단순한 게임만 할 수 있는 그런 장소가
아니라 충분히 그 게임을 즐기면서 할 수 있는, 자신에게 가장 알맞은
나만의 환경을 만들어야 한다.

좋은 계획은 좋은 결정을 구체화한다. 그것이 좋은 계획이
어려운 꿈을 실현하도록 돕는 이유이다.
Good plans shape good decisions. That's why good planning
helps to make elusive dreams come true. (Lester Bittle)

당신은 어떤 사람이 되기를 원하는가?
당신은 무슨 일을 하고 싶은가?
당신은 어디를 가보고 싶은가?

이 세 가지 질문에 답해 봄으로써 당신이 현재 어떤 생활을 하고 있고 앞으로 어떻게 살아가기를 원하는지 알 수 있다. 이 세 가지 질문에 대한 답이 많으면 많을수록 세상을 능동적으로 살아가는 사람이다. 세상을 능동적으로 살아가는 사람은 모든 일을 긍정적으로 대하며 성공할 가능성 또한 매우 크다.

> 내 시대의 가장 위대한 발견은 사람은 자신의 마음의 상태를 바꿈으로로써 자신의 삶을 단순하게 바꿀 수 있다는 것이다.
>
> The greatest discovery of my generation is that man can alter his life simply by altering his attitude of mind.
>
> (William James)

당신은 당신의 꿈을 마음속에 담고 있는가, 아니면 글로 써 놓았는가? 글로 써 놓은 꿈이 이루어질 가능성이 훨씬 높다는 사실을 당신은 아는가?

지금 당장 책 읽는 것을 멈추고 당신의 꿈을 글로 써볼 것을 권한다.

나는 내가 써 놓은 것을 읽기 전에는 내가 생각한 것에 대해 알지 못한다.

I never know what I think about something until I read what I've written on it. (William Faulkner)

1. 당신은 어떤 사람이 되기를 원하는가?

(당신이 되고자 하는 사람에 대해 쓰시오.)

2. 당신은 무슨 일을 하고 싶은가?

(당신이 하고 싶은 일의 목록을 적으시오.)

3. 당신은 어디를 가보고 싶은가?

(당신이 가보고 싶은 곳의 목록을 적으시오.)

※ 앞의 세 가지 질문은 곧 내가 진정으로 바라는 것이 무엇인지를 알아보는 과정이다. 앞의 질문에 답한 내용을 토대로 당신이 진정으로 바라는 것이 무엇인지 자신에게 물어보라.

오늘 내가 진정으로 바라는 것은 무엇인가?

내일 내가 진정으로 바라는 것은 무엇인가?

일주일 후 내가 진정으로 바라는 것은 무엇인가?

한 달 후 내가 진정으로 바라는 것은 무엇인가?

올해 내가 진정으로 바라는 것은 무엇인가?

1년 후(내년) 내가 진정으로 바라는 것은 무엇인가?

향후 3년간 내가 진정으로 바라는 것은 무엇인가?

향후 10년간 내가 진정으로 바라는 것은 무엇인가?

직업에서 내가 진정으로 바라는 것은 무엇인가?

가족 관계에서 내가 진정으로 바라는 것은 무엇인가?

친구 관계에서 내가 진정으로 바라는 것은 무엇인가?

인생살이에서 내가 진정으로 바라는 것은 무엇인가?

1. 일반적 목표

1) 내가 원하는 것, 하고 싶은 일, 가보고 싶은 곳에 대해 써 보자.

2) 내가 원하는 것을 얻고, 하고 싶은 일을 하고, 가보고 싶은 곳에 가는 것
   이 내게 무엇을 해줄 수 있는가?(이런 일을 함으로써 나는 어떤 이익을
   얻을 수 있을 것인가?)

3) 그것들(2번의 답)은 나에게 어떤 가치를 주는가?

4) 그 가치는 나의 삶을 어떻게 바꿀 것인가?(그 가치를 통해 나의 삶은 어떤 영향을 받게 될 것인가?)

5) 바뀐 나의 삶은 나에게 무엇을 해줄 수 있는가?

6) 내가 이렇게 바뀐 삶을 살고, 그 삶의 혜택을 누리며 살아가는 것으로 인하여 피해보는 사람이 있는가? 또는 나의 내면에서 이렇게 살아가는 것을 방해하는 그 무엇이 있는가?

■ 2), 3), 4), 5)번에 대한 답을 적을 때는 현재 내가 그것을 하고 있는 것처럼 생생하게 표현하는 것이 효과를 극대화합니다.

해석방법
– 마지막 질문에 대한 답이

1) '아니오'일 경우, 당신은 당신이 원하는 일을 할 수 있는 충분한 자질을 가지고 있고, 그 일을 성공적으로 해낼 수 있으며, 그 일을 통하여 누릴 수 있는 모든 혜택을 누릴 자격이 있는 분입니다. 축하합니다.

2) '예'일 경우, 1번 질문부터 다시 대답을 해 보아야 합니다. 그래도 '예'라는 답이 나오면 유감스럽지만 당신은 그 일을 해서는 안 될 분입니다. 다른 일로 성공하시기 바랍니다. 세상에는 성공할 수 있는 많은 다양한 방법들이 있습니다. 당신에게 적합한 방법을 찾으시기 바랍니다. 분명한 것은 당신은 당신에게 적합한 다른 일로 성공하실 수 있다는 사실입니다.

2. 영어공부를 하는 목표

　1) 나는 무엇을 위해 영어공부를 하는가?

　2) 영어공부는 내게 무엇을 해줄 수 있는가?(영어공부를 함으로써 나는 어떤 이익을 얻을 수 있을 것인가?)

　3) 영어공부를 통해 얻은 그것(이익)은 나에게 어떤 가치를 주는가?

key_2 당신은 어떤 인생을 살기 원하는가?

4) 그 가치는 나의 삶을 어떻게 바꿀 것인가?(그 가치를 통해 나의 삶은 어떤 영향을 받게 될 것인가?)

5) 바뀐 나의 삶은 니에게 무엇을 해줄 수 있는가?

6) 내가 이렇게 바뀐 삶을 살고, 그 삶의 혜택을 누리며 살아가는 것 때문에 피해보는 사람이 있는가? 또는 나의 내면에서 이렇게 살아가는 것을 방해하는 그 무엇이 있는가?

■ 2), 3), 4), 5)번에 대한 답을 적을 때는 현재 내가 그것을 하고 있는 것처럼 생생하게 표현하는 것이 효과를 극대화합니다.

해석방법

– 마지막 질문에 대한 답이

1) '아니오'일 경우, 당신은 영어공부를 할 수 있는 충분한 자질을 가지고 있고, 영어공부를 성공적으로 해낼 수 있으며, 영어공부를 통하여 누릴 수 있는 모든 혜택을 누릴 자격이 있는 분입니다. 축하합니다. 당신은 지금 이 순간부터 영어의 권력가 그룹의 회원이 되셨습니다. 영어 권력가 그룹 회원 입회비는 이 책의 책값으로 대신하겠습니다. 단, 부족하다고 느끼시는 분들은 제게 자신이 영어 권력가 그룹의 회원이 된 과정을 글로 보내주십시오.

2) '예'일 경우, 1번 질문부터 다시 대답을 해 보아야 합니다. 그래도 '예'라는 답이 나오면 유감스럽지만 당신은 영어공부를 해서는 안 될 분입니다. 영어공부 이외의 방법으로 성공하시기 바랍니다. 세상에는 성공할 수 있는 많은 다양한 방법들이 있습니다. 당신에게 적합한 방법을 찾으시기 바랍니다.

그리고 영어공부하지 않고 다른 방법으로 성공하시면, 저의 충고에 따라 영어공부에 허비했을 많은 시간을 절약하게 해준 대가로 성공하게 된 과정을 제게 글로 보내주세요. 분명한 것은 당신은 영어공부를 하지 않고도 당신에게 적합한 다른 방법으로 성공하실 수 있다는 사실입니다. 성공에 이르는 길은 많습니다. 자신에 맞는 방법을 찾는 것이 중요합니다.

key_2 당신은 어떤 인생을 살기 원하는가?

※ (빈칸에 자신의 특정한 목표를 기록하고 질문에 대해 답한다.)

1. ___________(을)를 하는 목표
   1) 나는 무엇을 위해 __________(을)를 하는가?

   2) ________는 내게 무엇을 해줄 수 있는가? (_______(을)를 함으로
      써 나는 어떤 이익을 얻을 수 있을 것인가?)

   3) _______(을)를 통해 얻은 그것(이익)은 나에게 어떤 가치를 주는가?

   4) 그 가치는 나의 삶을 어떻게 바꿀 것인가?(그 가치를 통해 나의 삶은 어
      떤 영향을 받게 될 것인가?)

5) 바뀐 나의 삶은 나에게 무엇을 해줄 수 있는가?

6) 내가 이렇게 바뀐 삶을 살고, 그 삶의 혜택을 누리며 살아가는 것 때문에 피해보는 사람이 있는가? 또는 나의 내면에서 이렇게 살아가는 것을 방해하는 그 무엇이 있는가?

해석방법

– 마지막 질문에 대한 답이

1) '아니오'일 경우, 그 목표는 가치 있는 목표이다. 그 목표 달성을 위해 최선을 다하라.

2) '예'일 경우, 1번 질문부터 다시 대답을 해 보고, 그래도 '예'라는 답이 나오면 유감스럽지만 그 목표는 수정해야 한다. 목표에 이르는 방법은 다양하다.

key_2 당신은 어떤 인생을 살기 원하는가?

목표 점검하기를 통하여 당신은 자신의 목표가 무엇인지 알았다. 이제 그 목표를 쉽게 달성하기 위해 자신이 최고의 가치를 두는 목표 한 가지를 선정하라. 목표의 기술은 가능하면 하나의 짧은 문장으로 기술하는 것이 좋다. 물론 목표가 여럿이면 그 목표 하나 하나에 대해 각각 짧은 문장으로 기술하면 된다.

목표를 기술할 때는 첫째, 긍정적으로 시술해야 한다.

나는 담배를 안 피우고 싶다. (X)
나는 담배를 끊겠다. (O)

둘째, 구체적이고 행동적이어야 한다.

나는 공부를 열심히 하겠다. (X)
나는 매일 영어단어 50개를 암기하겠다. (O)

세상에서 가장 크고 멋진 건물을 짓겠다. 앞으로 5년 동안 많은 빌딩을 세우겠다.

셋째, 다른 사람의 도움이나 장소 등에 크게 영향을 받지 않고 혼자의 힘으로 할 수 있는 것이어야 한다.

나는 매일 테니스를 하겠다. (X)
나는 매일 20분씩 영어 테이프를 듣겠다. (O)

넷째, 목표를 성취할 기간을 설정해야 한다. 아무리 좋은 목표라 할지라도 그 것을 성취할 기간이 적정하게 정해지지 않는다면 그 목표는 마치 기약 없이 바다 위를 떠다니는 배와 같다.

2010년 항공여객 세계 10위, 2007년 항공화물 세계 1위

(대한항공)

긍정적이고 구체적이며 행동적으로 '나' 혼자의 힘으로 할 수 있는 기한이 정해진 목표가 정해졌으면 그 목표를 내가 가장 잘 볼 수 있는

위치에 써서 붙여 놓고 아침, 저녁으로 그 목표를 소리내어 읽는다. 또한 자신이 항상 휴대하는 휴대전화나 수첩에도 자신의 목표를 글로 써서 항상 휴대하고 다니며 시간이 날 때마다 읽어보고 자신이 그 목표를 이루었을 때의 모습을 상상한다. 구체적인 목표의 상상은 실제로 가는 지름길이다.

매일 밤 당신이 다음 날 해야 하는 가장 중요한 일 6가지를 써라. 그러면 잠자는 동안에 당신의 잠재의식이 당신이 그것을 성취할 최선의 방법으로 작용할 것이다. 당신의 다음 날은 훨씬 더 원활하게 지나갈 것이다.

Every evening, write down the six most important things that you must do the next day. Then while you sleep, your subconscious will work on the best ways for you to accomplish them. Your next day will go much more smoothly.

(Tom Hopkins)

마지막으로 중요한 것은 자신감이다. 아무리 좋은 목표를 세웠다 할지라도 자기의 목표에 대한 확신과 그것을 이루어낼 수 있다는 자신감이 없으면 그 계획은 현실로 되지 못한다. 구체적인 목표가 실현되기 위해서는 다른 어떤 요소보다도 자신감이 중요하다.

> 박지성이 순간 스피드, 축구에 대한 센스 등에서 장점을 가진 만큼 세계적인 선수들과 맞설 수 있는 자신감을 키운다면 잘 해낼 것이다. (김희태 포천 축구센터 총감독)

> 나는 어떤 일을 시작하든 '반드시 된다'는 확신 90%에, '할 수 있다'는 자신감 10%로 100%를 채우지, 안 될 수도 있다는 회의나 불안은 단 1%도 끼워 넣지 않는다.
>
> (고 정주영 현대그룹 회장)

1.

2.

3.

4.

5.

6.

● **나의 목표**

(당신의 목표를 앞에서 배운 목표 기술 방법에 따라 쓰시오.)

※ 당신이 목표를 달성한 그 모습을 상상하고, 자신의 모습에 대해 이야기하고, 그림으로 그리고, 글로 써보세요.

지금 **당신**에게 가장 중요한 일은 무엇인가?

Key 3

➡ 우선순위 정하기

당신은 하고 싶은 일, 이루고 싶은 일을 많이 가지고 있을 것이다. 그러나 시간은 한정되어 있고 당신의 몸은 하나다. 지금 당장 당신에게 필요한 것은 무엇인지, 지금 당장 당신이 해야 할 필요가 있는 것은 무엇인지를 생각하라. 즉, 무엇을 먼저 할 것인지 순서를 정하라는 말이다.

만일 당신이 당신의 시간을 잘 이용하기를 원한다면, 가장 중요한 것이 무엇인지를 알아야만 하고 중요한 것에 당신이 가진 모든 것을 쏟아야 한다.

우선순위를 정하기 위해서는 우선 자신이 하고 싶은 일의 목록을 적은 다음, 그 목록 중에서 가장 하고 싶은 일부터 순서를 정한다. 순서가 정해지면 그 중 상위 5가지의 일에 전력을 다한다. 목록은 눈에 잘 보이는 곳에 붙여놓고 실천했거나 이룬 것은 삭제하고, 다시 새로운 항목을 추가한다. 매일 자신의 성취를 눈으로 확인하며, 다음 할 일을 정하고 실천하면 된다.

열다섯 걸음만 가면 성공이 보인다

**

1. 자신이 하고 싶은 일 20가지를 적는다.

2. 1의 목록을 토대로 가장 하고 싶은 일부터 순서를 정한다.

3. 우선 상위 5가지에 전력을 다한다.

● 하고 싶은 일 20가지

● 하고 싶은 일 상위 5가지

당신이 원하는 **인생**을 살기 위해서 **무엇을** 해야 하는가?

변화하기

　사람은 누구나 현재보다 나은 미래를 원한다. 지금과 다른 어떤 것은 변화를 통해 얻을 수 있다. 변화는 현재 나의 상태에서 내가 원하는 바람직한 상태로 이동하기 위하여 현재의 사고방식이나 생활 습관을 바꾸는 것을 말한다. 현재 나의 상태가 만족스럽다면 굳이 변화할 필요는 없을 것이다. 즉, 변화는 현재의 나의 상태보다 더 나은 상태가 있다는 것을 전제하며, 현재보다 더 나은 상태가 되기를 바랄 때 일어나는 것이다.

마음을 바꾸어라. 그러면 모든 것이 바뀐다.

따라서 변화하고자 한다면 현재 나와 내 주변의 바람직하지 못한 모든 것을 찾아내고 과감하게 버릴 수 있어야 하며, 새로운 것을 받아들일 마음의 준비가 되어야 한다.

그리고 변화는 어느 누가 대신 해줄 수 없는 정말로 주관적인 것으로 나만이 할 수 있는 일이다.

대신에 당신이 변화를 지배하게 될 것이다.

그렇다면 변화하기 위해서 우리는 무엇을 어떻게 해야 하는가? 당신은 '나비효과(butterfly effect)'라는 말을 들어보았는가? 이는 아주 작은 변화가 예측할 수 없는 큰 변화를 가져올 수 있다는 것을 말하고 있다. 지금 당장 내가 가진 아주 작은 것부터 바꾸도록 하자.

변화하는 것은 어렵지만 종종 생존자에게 필수적이다.

Change is difficult but often essential to survival.

(Les Brown)

변화는 기본적으로 발전이라는 긍정적 의미를 내포하고 있다. 지금의 자신보다 나빠지기 위해 변화를 시도하는 사람은 아무도 없다. 따라서 이왕에 변화를 시도할 바엔 좀 더 크게 생각하라. '가장 높이

key_4 당신이 원하는 인생을 살기 위해서 무엇을 해야 하는가?

나는 새가 가장 먼 곳까지 볼 수 있다'는 사실을 상기하면서….

당신이 정말로 변화하기를 원한다면, 당신이 처음으로 해
야 할 일은 당신의 기준을 높이는 것이다.
Any time you sincerely want to make change, the first thing
you must do is to raise your standards. (Anthony Robbins)

변화하겠다고 생각만 하고 행동을 하지 않는 사람은 아무런 결과
를 얻을 수 없다. 실천해야만 성공이든 실패든 할 게 아닌가? 하지만
실패를 두려워 말라. 우리의 인생에 완전한 실패란 존재하지 않는다.
다만 성공을 향한 피드백을 주는 과정이 있을 뿐이다.

만일 당신이 항상 하는 일만 계속 한다면, 당신은 항상 얻
었던 것만을 얻게 될 것이다.
If you keep doing what you've always done, you'll keep get-
ting what you've always gotten. (Jim Rohn)

변화를 하기 위한 행동을 위해서는 무엇보다 자신에 대한 현실 점

검이 중요하다. 당신이 진정으로 변화하기 원하는지 알아보기 위해
다음의 질문에 스스로 답해보기 바란다.

- 나는 무엇을 위해 살고 있는가?

- 나의 인생의 우선순위는 무엇인가?

- 지금 나는 나의 현재 상태를 바꾸기 위해 어떤 행동 또는 노력
  을 하고 있는가?

- 지금 나는 나의 현재 상태를 바꾸기 위한 노력의 일환으로 매일
  얼마의 시간을 할애하고 있는가?

- 내가 나의 현재 상태를 바꾸기 위한 노력을 함으로써 무엇을 얻
  을 수 있는가?

- 내가 나의 현재 상태를 바꾸기 위한 노력을 하지 않으면 나에게
  어떤 일이 생기는가?

앞의 질문들에 대한 당신의 답은 무엇인가? 당신의 답이 무엇이든
변화하고자 하는 욕구가 있다면 혁신적인 변화를 시도하라. 혁신적
으로 변화할 때 비로소 치열한 생존 경쟁의 시장에서 살아남을 수 있
을 것이다.

우리 세대의 가장 위대한 발견은, 인간은 자신의 마음의
태도를 바꿈으로써 자신의 삶을 바꿀 수 있다는 것이다.
The greatest discovery of my generation is that a human
being can alter his life by altering his attitudes of mind!
(William James)

현명한 사람들은 변화의 불가피함을 받아들인다. 경쟁이
란 개방과 경쟁 속에서만 꽃을 피운다는 사실을 알고 필요
한 변화를 추진한다. (공병호)

당신은 하룻밤 사이에 당신의 목적지를 바꿀 수는 없지만,
하룻밤 사이에 당신의 방향은 바꿀 수 있다.
You cannot change your destination overnight, but you can
change your direction overnight. (Jim Rohn)

변화는 모든 진정한 배움의 최종 결과이다.
Change is the end result of all true learning. (Leo Buscaglia)

무슨 일이든 할 수 있다고 생각하는 사람이 해내는 법이
다. 의심하면 의심하는 만큼밖에는 못하고, 할 수 없다고
생각하면 할 수 없는 것이다. (고 정주영 현대그룹 회장)

● 변화를 위해 지금 당장 해야 할 일은 무엇인지 쓰시오.

나는 무엇을 위해 살고 있는가?

나의 인생의 우선순위는 무엇인가?

지금 나는 나의 현재 상태를 바꾸기 위해 어떤 행동 또는 노력을 하고 있는가?

지금 나는 나의 현재 상태를 바꾸기 위한 노력의 일환으로 매일 얼마의 시간을 할애하고 있는가?

내가 나의 현재 상태를 바꾸기 위한 노력을 함으로써 무엇을 얻을 수 있는가?

내가 나의 현재 상태를 바꾸기 위한 노력을 하지 않으면 나에게 어떤 일이 생기는가?

당신이 바꾸면

당신이 생각을 바꾸면
당신의 신념이 바뀐다.
당신이 신념을 바꾸면
당신의 기대가 바뀐다.
당신이 기대를 바꾸면
당신의 태도가 바뀐다.
당신이 태도를 바꾸면
당신의 행동이 바뀐다.
당신이 행동을 바꾸면
당신의 성취가 바뀐다.
당신이 성취를 바꾸면
당신의 인생이 바뀐다.

(번역 : 유철기)

WHEN YOU CHANGE

When you change your thinking,

You change your beliefs.

When you change your beliefs,

You change your expectations.

When you change your expectations,

You change your attitudes.

When you change your attitudes,

You change your behaviours.

When you change your behaviours,

You change your performance.

When you change your performance,

You change your life.

(http://www.suzismith.net에서 발췌)

당신이 원하는 것을 얻기 위해서 어떤 길을 가야 하는가?

▸ 선택하기

행복한 미래를 여는 *Key 15*

Key_5

Key 5

➡ 선택하기

선택이란 내가 주체가 되어 둘 이상 존재하는 어떤 것에서 내가 좀 더 선호하는 것을 고르는 행위이며, 내가 진정으로 원하는 것을 얻기 위해서는 포기하는 것도 있어야 한다는 것을 내포한다.

당신 자신을 위해 당신이 해야 할 필요가 있는 가장 필수 적인 것들 중에 하나는 당신에게 중요한 목표를 선택하는 일이다. 완벽은 존재하지 않는다. 즉, 당신은 항상 최선을 다할 수 있고 항상 성장할 수 있다.

One of the most essential things you need to do for yourself

우리의 인생살이는 선택의 연속이다. 선택 없는 삶이란 발전이 없음을 의미한다. 선택은 발전을 위한 출발점이고 우리가 살아 숨을 쉬고 있다는 증거이다.

또한 선택에는 책임이 따른다. '순간의 선택이 10년을 좌우한다'라는 광고 문구가 암시하는 것처럼, 어떤 선택을 할 때는 신중해야 한다. 어떤 선택을 하느냐에 따라 인생이 달라진다. 따라서 당신이 어떤

열다섯 걸음만 가면 성공이 보인다

선택을 할 필요가 있을 때 신중하게 생각한 후, 좀 더 능동적으로 행
동해야 한다.

물론 당신은 어떤 선택으로 인하여 지금까지 당신이 누리던 안락함
을 잃을 수도 있다. 그러나 당신이 현재의 안락함만을 선택한다면, 당
신은 현재 상태 이상의 어떤 것을 바라서도 안 되고 얻을 수도 없다.

key_5 당신이 원하는 것을 얻기 위해서 어떤 길을 가야 하는가?
**

어떤 선택을 하는 것은 새로운 열매를 얻기 위해 씨앗을 뿌리는 것과 같다. 씨앗을 뿌리기만 하는 것은 큰 의미가 없다. 그 씨앗을 통해 내가 얻고자 하는 것이 무엇인지를 알고 원하는 결과를 얻기 위해 물도 주고, 잡초도 뽑고, 가지치기도 하며 씨앗이 내가 원하는 것을 만들어낼 수 있도록 필요한 일을 해야만 한다.

> 항상 최선을 다하라. 당신이 지금 씨를 뿌린 것은 후에 수확하게 될 것이다.
> Always do your best. What you plant now, you will harvest later. (Og Mandino)

특히 어떤 선택을 함에 있어서 기억해야 할 점은 그 선택을 통하여 당신이 보람을 느낄 수 있을 것인지의 여부를 생각해야 한다.

> 우리는 자기의 직업이나 직책을 택할 때 일시적 수입이나 지위보다는, 참으로 자기가 인생의 보람을 그 일을 통해서 느낄 수 있는가 없는가에 의해서 결정해야 한다. 그러한 결정을 통해서만이 우리는 사회에의 공헌과 자기 능력의

발휘를 기대할 수 있다. 뿐만 아니라 긴 안목으로 보면 그

러한 선택은 결국 경제적 수입과 지위의 향상도 가져오는

경우가 많다. (김대중 전 대통령)

1. 최근에 내가 한 선택 중 잘한 선택이라고 생각하는 5가지를 쓰시오.

2. 잘한 선택이라는 것을 어떻게 알았습니까?

3. 최근에 내가 한 선택 중 잘못된 선택이라고 생각하는 5가지를 쓰시오.

4. 잘못된 선택이라는 것을 어떻게 알았습니까?

5. 어떻게 하면 잘못된 선택을 줄일 수 있다고 생각하십니까?

key_5 당신이 원하는 것을 얻기 위해서 어떤 길을 가야 하는가?

지금까지 당신이 한 선택 중 인생의 보람을 느끼고 그 선택을 통하여 경제적
수입이나 지위의 향상을 가져온 경우가 있었다면, 그 선택에 대해 쓰시오.

당신이 원하는 것과 같은 인생을 산 사람이 있는가?

◆ 모델 설정하기

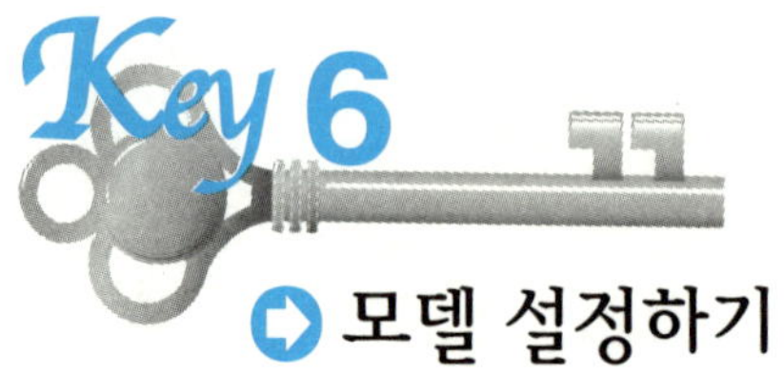

모델 설정하기

우리는 어렸을 때 모두 마음속에 닮고 싶은 대상을 가지고 있었다. 대부분의 경우, 처음으로 마음속에 품은 닮고 싶은 대상은 자신의 부모님 중의 한 분이었을 가능성이 크다. 매일 나를 돌보아 주고 자신이 원하는 것이면 무엇이든 해주는 부모님은 못하는 일이 없어 보였기 때문이다.

부모님의 자식을 위한 헌신적인 모습이 나도 커서 저렇게 되어야지 하는 마음을 갖게 만드는 것이다. 여자아이의 경우 "나는 커서 아빠와 결혼할 거야", "난 아빠 같은 사람과 결혼할 거야"라고 말하고, 남자아이의 경우 "나는 커서 엄마와 결혼할 거야", "난 엄마 같은 사람과 결혼할 거야"라고 말하기도 한다. 물론 성장하면서 엄마, 아빠와는 결혼할 수 없는 대상이라는 사실을 깨닫지만, 여전히 부모님은 많은 자식들에게 좋은 모델이다.

영어를 공부하는 측면에서 보면, 우리는 또한 영어를 잘 하는 사람을 모델로 삼을 수 있다. 부모님, 선생님, 선배, 친구, 아나운서, 기자, 작가, 영화배우, 가수, 운동선수 등 영어를 나보다 잘하는 사람이면 누구든 모델이 될 수 있다.

> 만일 당신이 산을 오르는 방법을 알고 싶다면, 산을 오르내리는 사람에게 물어 보라.
> If you wish to know the road up the mountain, ask the person who goes back and forth on it. (Zenrin)

모델을 설정할 때 주의 할 점은 "나는 ○○처럼 영어를 잘하고 싶다"와 같이 추상적이고 포괄적으로 말하기보다는 "나는 ○○처럼 영어로 유창하게 말하는 사람이 되겠다" 또는 "나는 ○○처럼 자연스럽게 영어로 인터뷰할 수 있을 만큼 열심히 공부하겠다"와 같이 좀 더

열다섯 걸음만 가면 성공이 보인다
✲✲

구체적이고 실제로 그러한 행동을 하고 있는 자신의 미래의 모습을 보는 것처럼, 내가 모델로 하고자 하는 대상의 모습을 말하는 것이 더 좋다.

일단 모델이 설정되면 그 모델이 하는 특정 행동을 잘 나타내거나 볼 수 있는 사진, 또는 그림을 두 장 준비하여 한 장의 사진이나 그림 속의 인물을 당신의 사진으로 대체한다. 그런 다음 자신이 바라는 어떤 행동, 혹은 모습을 담은 모델의 사진이나 그림과 당신의 사진이나 그림을 당신이 가장 잘 볼 수 있는 장소에 나란히 붙인다. 그리고 매일 그 모습을 보며 자신이 그렇게 되어 있다는 것을 두뇌에 세뇌시켜야 한다. 다시 말하지만, 사람의 두뇌는 현실과 상상을 구별하지 못하

기 때문에, 당신이 원하는 모습을 상상하면 할수록 그 모습은 현실이
될 것이다.

나폴레온 힐은 "상상력이 세계를 지배한다"고 하였으며, 빌 게이
츠는 "마이크로소프트의 유일한 재산이라곤 직원들의 상상력밖에 없
다"고 상상력의 힘에 대해 이야기하였다.

당신이 닮고 싶은 모델은 누구입니까?

그 모델의 어떤 점을 좋아합니까?

모델과 같이 되면 당신에게 어떤 일이 생깁니까?

모델과 같이 되었다는 것을 당신은 어떻게 알게 될까요?

그렇게 된 당신의 모습으로 행동해 보세요.

key_6 당신이 원하는 것과 같은 인생을 산 사람이 있는가?

※ 당신이 닮고 싶은 모델과 같이 되었습니다. 당신의 모습에 대해 자세히 이야기하고, 쓰시오.

어떤 모습입니까?

어떤 옷을 입고 있습니까?

옷은 어떤 색입니까?

지금 함께 있는 사람들은 누구입니까?

당신이 있는 곳에 대해 이야기해 보세요.

그곳에 있는 사람들은 당신에게 어떤 이야기를 합니까?

당신은 어떤 말을 하고 있습니까?

당신 주변에 있는 사람들의 표정은 어떻습니까?

key_6 당신이 원하는 것과 같은 인생을 산 사람이 있는가?

**

당신이 가는 길을
방해하는 요소가 있는가?

행복한 미래를 여는 *Key 15*

자신감 키우기

사람은 누구나 지금까지 하지 않던 새로운 일이나 자신과는 거리가 있다고 생각하던 일을 하게 되면 두려움을 느낀다. 대부분의 보통 사람들의 경우에 그동안의 자신의 인생 경험에서 누적된 부정적인 생각이 긍정적인 생각을 지배하기 때문이다.

꿈의 성취를 불가능하게 하는 유일한 한 가지는 실패에 대한 두려움이다.

There is only one thing that makes a dream impossible to achieve: the fear of failure. (Paulo Coelho)

그러나 인간의 두뇌는 다행히도 상상과 현실을 구분하지 못한다고 한다. 즉, 과거의 일인지, 현재의 일인지 실제로 일어난 적이 있는 일인지, 일어날 수 있는 일인지, 아닌지를 구분하지 못하고 우리가 생각하는 대로 믿는다고 한다. 그렇다면 우리가 할 수 있는 일은 무엇인가? 내가 원하는 바를 이룰 수 있다고 생각하고 그것을 이룬 나의 모습을 상상하고 몸으로 느끼며 끊임없는 자기암시를 하면 되는 것이다. 나폴레옹이 말하지 않았던가! 불가능은 없다고…

> 당신의 문제가 해결될 것이라고 믿어라. 믿는 사람들에게는 굉장한 일들이 일어난다. 그리고 해결책이 나올 것이라고 믿어라. 그렇게 될 것이다.
> Believe it is possible to solve your problem. Tremendous things happen to the believer. So believe the answer will come. It will. (Norman Vincent Peale)

한 가지 실례로, 영어를 공부한 많은 사람들이 외국인을 만나면 지레 겁을 먹는다. 중학교에서 배운 영어 정도면 일상적인 의사소통에 큰 지장이 없는데도 말이다. 문제는 "난 영어를 잘못해"라는 잘못된

열다섯 걸음만 가면 성공이 보인다

**

인식이다. 학교에서의 영어 점수로 자신의 영어실력을 평가하지 말라. 학교에서의 영어 점수는 시험지에서 글로 읽고 답을 달아서 채점한 종이 위의 죽은 글일 뿐, 살아있는 생명체와 서로 호흡하면서 눈을 마주치고 의사소통한 것이 아니다.

우리가 외국인을 만났을 때 해야 할 것은 의사소통이지 종이 위에 시험을 보는 것이 아니다. 당신이 만난 외국인은 당신의 학교에서의 영어 점수에 대해 전혀 알지도 못할 뿐만 아니라 관심도 없다. 당신이 만나는 외국인이 관심 있는 것은 바로 당신이며, 당신은 그 사람과 의사소통을 하기만 하면 되는 것이다. 당신의 목표는 오직 의사소통이다. 그러니 자신을 가져라. 당신은 잘할 수 있다.

나는 항상 나의 목표에 집중한다.
I keep my eyes on my goals at all times. (Mike Brescia)

당신이 한국어를 유창하게 잘하듯이 외국인이 자기 나라 말을 유창하게 잘하는 것은 당연한 일이며, 그들이 우리말을 잘하지 못하듯이 우리가 그들의 언어를 잘하지 못하는 것은 당연하다. 당신이 이 책을 읽을 정도라면 그것으로 충분하다. 당신은 영어를 잘할 수 있다. 우리가 인생을 살아가면서 겪게 되는 두려움들도 영어의 경우와 다르지 않다. 자신이 하고 있는 일 또는 하고자 하는 일에 대해 자신감을 가져야 한다. 남들이 한 일이고, 남들이 할 수 있는 일이라면 당신도 할 수 있는 일이다.

마틴 루터 킹 목사는 "세상의 모든 일은 꿈과 희망이 있기에 이루어진다"고 했다. 당신이 현재하고 있는 일을 통해서 또는 하고자 하는 일을 통해서 이루고자 하는 꿈과 희망은 무엇인가? 그 꿈을 성취하고, 희망을 당신 것으로 만들기 위해서 그 일을 하면서 생기는 두려움은 당신 마음속에서 없애버려라.

　두려움을 이겨내고 자신 있게 하고자 하는 일을 하는 방법을 외국인과 이야기하는 경우를 예를 들어 소개 하고자 한다. 그러면 지금부터 잠시 책 읽는 것을 중단하고 당신 앞에 외국인이 앉아있다고 가정하고 영어로 대화를 시도해 보라. 무슨 말이든 좋다.

1. 심호흡을 한 번하고 조용히 눈을 감는다.

2. 자신이 전달하고자 하는 내용이 무엇인가를 생각한다.

3. 평소에 자신이 친구와 열정적으로 대화하는 모습을 떠올린다.

4. 3번의 모습에서 자신이 우리말 대신 영어로 대화한다고 상상한다.

5. 내 앞에 있는 외국인과 나는 평소 잘 아는 친구이고, 나의 일이면 무엇이
   든 발 벗고 나서서 도와주는 후원자라고 생각한다.

6. 4번의 모습에서 영어로 열정적인 대화를 하는 자신의 모습으로 외국인을
   대하는 모습을 상상한다.

7. 상상 속에서 외국인과 영어로 유창하게 대화를 하는 자신의 모습을 보면
   서 들려오는 소리와 자신의 몸에 느껴지는 느낌을 극대화한다.

8. 눈을 뜨고 자신 있게 외국인과 대화하라.

이제 당신은 아무런 불편 없이 외국인과 대화할 수 있게 되었을 것이다. 혹시라도 원하는 대로 되지 않았더라도 실망할 필요는 없다. 다시 시도하면 된다. 될 때까지⋯. 당신이 할 수 있다고 생각하고 행동하면 할 수 있는 것이다. 이제 당신은 영어로 의사소통하는데 아무런 지장이 없다. 당신의 성취를 축하한다.

영어로 외국인과 의사소통할 때 자신감을 갖는 것처럼 어떤 일을 하면서 두려움이 생길 때 그 두려움을 극복하고 자신 있게 일할 수 있는 방법도 마찬가지다. 어떤 일을 시작하기 전 두려움을 극복할 수 있는 한 가지 방법을 소개한다. 이 방법은 사람들이 가진 우수한 자질을 끌어내어 자신감이 필요한 상황에 적용하는 것이므로 '우수성의 원'이라고 알려져 있다. 당신도 당신이 가진 '우수성의 원'을 가지면 언제, 어떤 상황에서든지 자신 있게 행동할 수 있다.

우수성의 원

언제 어디서나 여러분들이 필요로 할 때 – 예를 들면, 면접을 할 때, 중요한 발표를 할 때, 화난 고객을 상대할 때, 중요한 데이트를 할 때, 상대하기 어려운 사람과 이야기 할 때 – 여러분의 마음과 육체를 자원이 풍부한 상태로 만들 수 있는 방법을 소개합니다. 이 방법은 자신이 지닌 우수성을 활용하는 것이므로 '우수성의 원'이라 부르겠습니다. 스스로 필요할 때 마다 우수성의 원을 만들어 사용하다보면 자신 있게 행동하는 자신의 모습을 발견하게 될 것입니다.

(어떤 상황으로 들어가기 전에 다음의 간단한 절차를 따름으로써 당신이 갖기를 원하는 마음의 상태, 감정, 행동을 선택하세요. 당신은 이 연습을 혼자 스스로 할 수 있지만, 처음에는 누군가가 그 단계를 말해주도록 하는 것이 도움이 될 수 있습니다.)

약 2m 정도의 공간이 있는 곳에 섭니다.

1a. 당신 앞에 있는 공간에 원이 하나 있다고 상상하시오. 그리고 원에 색을 입히시오. 그 원의 색을 밝게 하거나 빛나게 하여 매력적인 것으로 만드시오

1b. 당신에게 적절하게 강력한 상태를 상징화할 수 있는 한 단어나 짧은 구절을 선택하시오.

2. 당신이 좋아서 어쩔 줄을 모르게 느꼈거나, 전력을 다했던 때 또는 다른 힘과 능력이 있었던 상태를 떠올리세요. 정말 좋은 경험으로 들어갑니

다. 아마도 그들 중 어떤 것은 당신의 기대를 뛰어넘는 때도 있을 것입니다.

3. 그 당시의 당신을 상상하세요. 그때 당신이 보고 있는 것을 보고, 듣고 있는 것을 들으며, 느끼고 있는 것을 느끼시오. 만약 어떤 냄새나 맛이 느껴지면, 그 냄새나 맛도 상상하세요. 그 당시에 당신이 하고 있는 것과 생각하고 있는 것을 감지하시오.

4. 이 우수성의 상태에서 당신의 존재감이 생기기 시작하면, 깊이 숨을 쉬고 당신의 키워드를 말하고 당신 앞의 원 안으로 들어가세요.

5. 원 안에 서서 기억을 강화하세요. 그 순간을 되살리고, 무엇인가를 정말로 잘 하고 있는 것으로부터 자연스럽게 나오는 감정을 즐기세요.

6. 첫 번째와 같은 특징을 가진 다른 원을 하나 상상하세요. 그리고 2단계부터 5단계를 다른 힘 있고 능력 있는 기억을 가지고 반복하세요. 첫 번째 경험에서 가졌던 모든 경험을 가지고 두 번째 원 안으로 들어가세요.

7. 세 번째 원과 또 다른 자원이 풍부한 기억을 가지고 반복하세요.

8. 이제 당신이 최선의 상태가 되기를 원하는 미래의 상황을 생각하세요. 그리고 자신이 경험이 있는 상태에서 그 행동을 한다고 상상하세요. 어때요, 잘 되고 있지 않나요?

(www.cleanlanguage.co.uk/nlpthink.html에서 발췌, 번역한 것입니다.)

당신에게 두려움이나 부정적인 감정을 주는 한 가지를 선택하여, 우수성의
원을 활용한 자신감 키우기 훈련을 해보고 변화된 점을 쓰시오.

당신이 원하는 길을 가는데 필요한 **자원**은 있는가?

➡ **주변 환경 활용하기**

행복한 미래를 여는 *Key 15*

Key_8

➡ 주변 환경 활용하기

성경에 "구하라, 그러면 주어질 것이요. 두드려라, 그러면 열릴 것이다"라는 구절이 있다. 내가 어떤 것을 간절히 원한다면, 그것을 얻기 위해 그것을 얻을 수 있는 방법을 찾아야 하고 그 방법을 찾기 위한 노력을 하여야 한다.

매일 밤 긍정적인 글을 읽고 매일 아침 도움이 될 만한 테이프를 들어라.

Read something positive every night and listen to something helpful every morning. (Tom Hopkins)

우리의 주변에는 우리가 자신의 목표를 달성하는데 도움을 주기 위한 많은 자원들이 대기하고 있다. 그러한 자원들은 구하고, 찾는 자에게 주어질 것이다.

나에게 직접적인 도움을 주는 사람이 주위에 많이 있다면 그것보다 좋은 자원은 없다. 그러나 사람을 만나고 교류하는 데는 제약도 따른다. 아무런 제약 없이 나의 의지에 따라 이용할 수 있는 자원은 바로 책이다.

열다섯 걸음만 가면 성공이 보인다

"지도자들은 독서광(Leaders are readers.)이며, 독서광은 지도자가 될 수 있다(Readers can be leaders.)"라는 말이 있다. 책을 통하여 우리는 자신이 직접 경험하지 못한 많은 일들을 경험할 수 있고, 실제로 만날 수 없는 다양한 사람들을 만나기도 하며, 내가 가보지 못했던 장소에 가볼 수도 있고, 내가 알지 못했던 많은 사실들을 접할 수도 있다.

내가 원하는 일을 하는데 필요한 자원은 내가 모두 가지고 있을 수도 있고, 누군가의 도움을 받아야 하는 경우도 있다. 어떤 경우이든 우리는 자신이 가진 모든 것에 대해 감사하는 마음을 가져야 하고, 수시로 감사의 표현을 해야 한다.

주변 사람들에게도 정기적으로 감사의 마음을 전하자. 휴대폰으로 문자를 보낼 수도 있고, 이메일을 보낼 수도 있으며, 전화를 할 수도 있고, 직접 찾아가서 만날 수도 있다. 그때그때 상황에 따라 감사의 마음을 전달하자. 감사의 마음을 표현하는 것이야말로 당신이 원하는 길을 가는데 가장 필요한 자원 중 하나이다.

우리가 감사해야 할 대상은 너무도 많다. 단지 우리가 인식하지 못

하고 있을 뿐이다. 감사의 표현을 생활화하자.

내가 감사해야 할 것에 대해 생각해보고 글로 써보자.

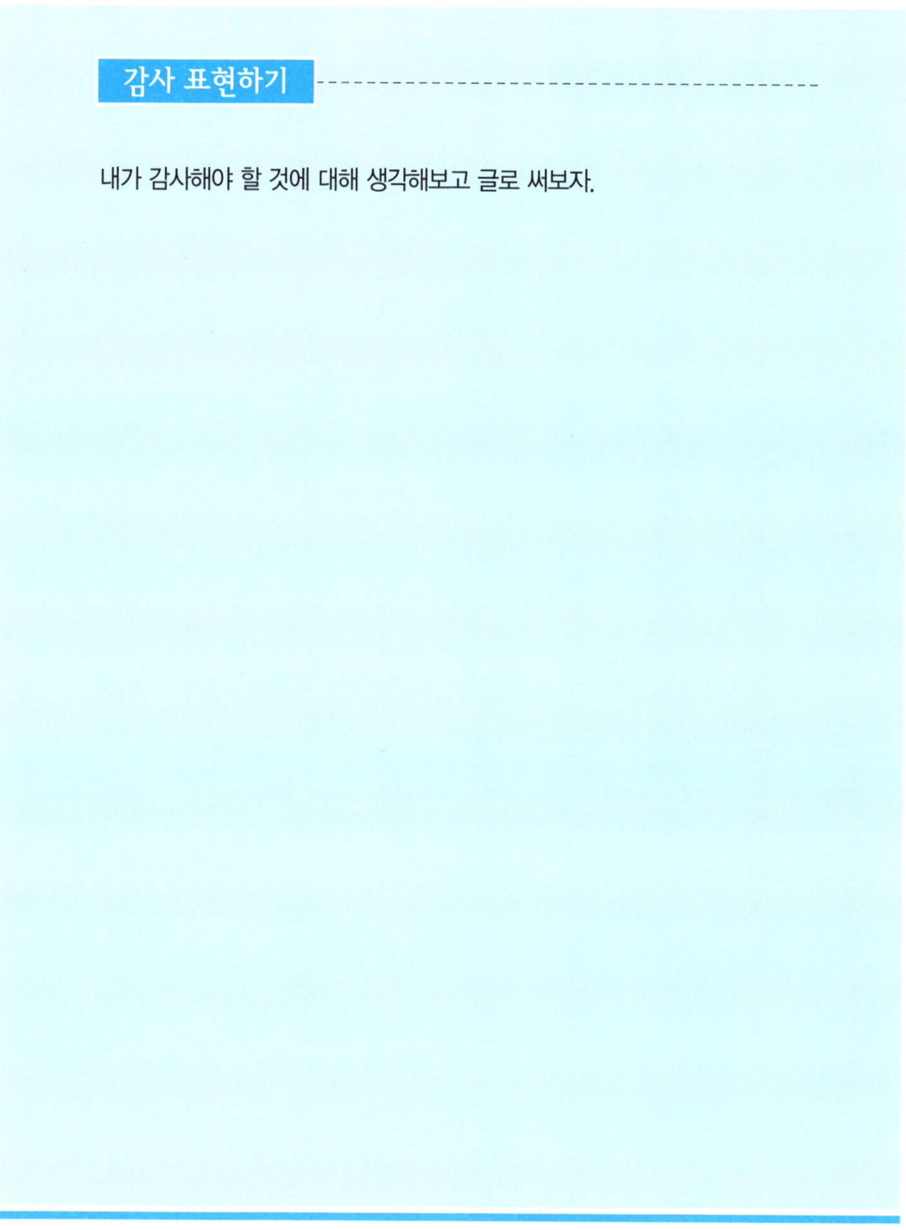

1. 내가 하고자 하는 일 하나를 선택하고, 그 일을 하는데 필요한 자원의 목록을 만드시오.

2. 1의 목록에서 나의 힘으로 해결할 수 있는 것과 도움을 필요로 하는 것을 구분하시오.

3. 2에서 도움을 필요로 하는 내용들을 검토하여 가장 도움이 필요한 내용 한 가지를 선택하시오.

4. 3의 내용에 따라 이것이 정말 도움을 받아야 할 내용인지 생각해 보고, 내가 도움을 요청할 수 있는 사람의 목록을 만드시오.

5. 도움 요청하기

key_8 당신이 원하는 길을 가는데 필요한 자원은 있는가?

당신이 원하는 것을 이루기 위한 적당한 때는 언제인가?

행복한 미래를 여는 *Key 15*

Key_9

시간 계획 세우기

우리가 무슨 일을 하던지 가장 중요한 것은 시간의 활용이다. 시간에 대해 Donald J. Thrump는 《억만장자처럼 생각하라(Think Like a Billionaire)》에서 "시간이 돈보다 더 가치 있는 것이다. 돈이 없는 빈털털이가 된다면 다시 시작하면 된다. 그러나 시간이 없다면 다시 시작할 방법이 없다"고 말했다. 그렇다. 우리에게 시간은 그 무엇보다 중요하다. 필요한 일에 시간을 투자할 줄 아는 현명함이 필요하다.

우리는 종종 우리에게, 정말로 중요한 일에 대해 단지 희미하고 부정확한 견해를 가진 인생 행로의 문제를 해결하 미래를 준비하는데 있어 현명한 시간투자는 어떻게 하는 것인가?

시간을 계획할 때 가능하다면 매일 같은 시간대에 같은 내용의 일을 하도록 계획하는 것이 좋다. 같은 시간대에 같은 내용을 반복하는 것은 우리의 뇌에 반복되는 신호를 보내게 되고, 그 신호는 적당한 정보로 전환된다. 그러면 우리의 뇌는 그 정보를 입력하고 저장한다. 우리의 기억 속에 저장된 정보는 반복적으로 입력되어지면 더 오래 기억되고, 우리가 필요로 할 때마다 불러내 사용할 수 있게 된다.

우리는 자주 시간 관리를 잘 해야 한다는 말을 듣는다. 그러나 아무리 시간 관리를 잘한다 해도 우리에게 주어진 시간은, 하루는 24시간이고 1시간은 60분이다. 다시 말해 우리에게 주어지는 시간은 변하지 않는다. 결국 우리가 관리할 수 있는 것은 시간이 아니라 우리 자신이며, 우리가 가진 시간으로 할 수 있는 일이다.

기억하라 : 중요한 일을 위해서는 항상 충분한 시간이 있다. 가장 바쁜 사람들은 그들이 다른 사람들보다 어떤 시간을 더 많이 가지고 있기 때문이 아니라 주의 깊은 계획에 의해 그들이 시간을 만든다고 생각하기 때문에 그들이 원하는 일을 할 시간을 찾을 수 있다.
Remember : There is always enough time for the important things. The busiest people are able to find time what they want to do, not because they have any more time than others but because they think in terms of 'making' time by careful scheduling. (Alan Lakein)

그렇다면 우리가 시간으로 할 수 있는 일이나 공부를 더 효과적으로 하기 위해서 시간 계획은 어떻게 세워야 하는가? 일일, 주간, 월간, 연간 계획이 필요하다. 그리고 계획은 언제든 수정 가능하도록 유연성을 가져야 한다.

(주간 계획을 토대로 하루 동안 해야 할 일을 정하면 된다.)

※ 일일 계획을 세우기 전 다음과 같은 내용에 스스로 답해보고 계획을 세우면 도움이 된다. 스스로 물어보아야 할 질문은 자신의 상황에 맞게 자신이 선택하고 만들면 된다.

오늘 내가 해야 할 중요한 일 5가지는 무엇인가?

오늘 내가 급하게 해야 할 일 5가지는 무엇인가?

오늘 내가 해야 할 일 중 중요하면서 급하게 해야 할 일은 무엇인가?

key_9 당신이 원하는 것을 이루기 위한 적당한 때는 언제인가?

(월간 계획을 토대로 한 주 동안 해야 할 일을 정하면 된다.)

(연간 계획을 토대로 한 달 동안 해아 할 일을 정하면 된다.)

key_9 당신이 원하는 것을 이루기 위한 적당한 때는 언제인가?

(자신의 목표를 토대로 일 년 동안 해야 할 일을 정하면 된다.)

당신은 어떤 사람들과 함께 길을 떠나고 싶은가?

➡ 조력 집단(mastermind group) 만들기

*Key*_10

Key 10

➡ 조력 집단(mastermind group) 만들기

예로부터 사람들은 자신이 하는 일과 관련된 사람들끼리 서로 도움을 주고받을 수 있는 조력 집단을 형성하여 서로의 생각이나 통찰을 공유하기 위한 활발한 토론활동을 해 왔다. 이를 마스터마인드 그룹(mastermind group)이라 한다. 지식정보화 사회인 현대에는 이러한 그룹 활동이 더욱 필요한 시대이다. 마스터마인드 그룹은 5~6명 정도가 모여 장기적인 인간관계를 맺고 서로에게 도움을 주는 집단이다.

둘 혹은 그 이상의 사람들이 조화롭게 협력하며 명확한 목표 또는 목적을 위하여 일한다면, 그들은 동맹을 통하여 마스터마인드 그룹을 형성하는 근본 목적은 그룹 내의 구성원들의 인생 전반에 관하여 아낌없이 지원하고 격려하여 성공하도록 돕는데 있다. 그룹 구성원들은 정기적으로 만나며 특정한 주제 또는 일상생활에서 겪게 되는 다양한 문제에 대해 서로 토론하고, 아이디어를 제공하며, 정보를 공유한다.

key_10 당신은 어떤 사람들과 함께 길을 떠나고 싶은가?

**

139

열다섯 걸음만 가면 성공이 보인다

마스터마인드 그룹을 만들기 위해서는 우선 같이 할 사람을 잘 선택하는 것이 중요하다. 긍정적이며, 건강한 사고로 구성원 모두에게 활기를 주며, 목표 지향적이며, 개방된 마음을 지닌 사람을 찾아야 한다.

또한 구성원들이 소속감을 느끼도록 해야 하며, 어떤 주제를 다룰 것인지, 얼마나 자주 만날 것인지 그리고 어디에서 만날 것인지 등도 신중하게 고려해야 한다.

마스터마인드 그룹을 만들 때 고려해야 할 사항은 다음과 같다.

1. 구성원의 수는 몇 명으로 할 것인가?

2. 어떻게 소속감을 형성할 것인가?

3. 어떤 주제에 대해 이야기할 것인가?

4. 얼마나 자주 만날 것인가?

5. 어디서 만날 것인가?

6. 시간은 어느 정도로 할 것인가?

(나의 마스터마인드 그룹을 만들어 보자.)

구성원 :

그룹의 명칭 및 규칙 :

토의 할 주제 :

만나는 날 및 시간 :

만나는 장소 :

key_10 당신은 어떤 사람들과 함께 길을 떠나고 싶은가?

당신이 원하는 삶을 위해 지금 당장 해야 할 일은 무엇인가?

행복한 미래를 여는 *Key 15*

　아무리 맛있는 음식이 있어도 내가 먹을 수 없다면 그것은 음식으로서의 가치가 없다. 아무리 많은 화살을 준비하고 사선에서 철저한 준비를 끝냈다고 해도 활시위를 당겨 쏘지 않으면 과녁은 여전히 비어 있다. 활시위를 당겼을 때에만 비로소 과녁에 화살이 꽂히는 것이다. 아무리 좋은 목표가 있어도 그것을 실천하지 않으면 쓸모없는 허상이 된다. 대부분의 사람들이 자신이 하고자 하는 일에서 바람직한 성과를 얻지 못하는 이유는 생각만 하고 실천하지 않는 데 있다. 준비가 되었으면 바로 실천하라.

빌 게이츠는 "저는 유별나게 머리가 똑똑하지 않습니다. 특별한 지혜가 많은 것도 아닙니다. 다만 저는 변화하고자 하는 마음을 생각으로 옮기고 생각을 행동으로 옮기는데 노력했을 뿐입니다"라고 자신의 성공에 대해 말한 적이 있다. 성공에 있어서 무엇보다 중요한 것이 행동으로 옮기는 노력이다. 행동하지 않고 얻을 수 있는 것은 이 세상에는 아무 것도 없다.

key_11 당신이 원하는 삶을 위해 지금 당장 해야 할 일은 무엇인가?

**

당신은 어떤 결과를 원하는가? 지금이 바로 당신이 준비한 것을 행동으로 옮길 때이다.

key_11 당신이 원하는 삶을 위해 지금 당장 해야 할 일은 무엇인가?

당신은 지금 당신이 하고 있는 일에 최선을 다하고 있는가?

● 어떻게(How)를 생활화하기

행복한 미래를 여는 *Key 15*

Key_12

Key 12

어떻게(How)를 생활화하기

당신은 이제 당신의 미래를 창조하기 위한 준비 작업으로 두뇌 컴퓨터의 하드웨어 포맷을 끝냈다. 지금부터 성능 좋은 두뇌 컴퓨터에 좋은 소프트웨어를 설치하여 컴퓨터를 즐겁게 사용하면 된다. 오직 컴퓨터를 사용하여 당신이 원하는 목적을 달성할 수 있다.

나는 항상 내 목표에 집중한다.
I keep my eyes on my goals at all times. (Mike Brescia)

아무리 좋은 컴퓨터와 아무리 좋은 소프트웨어가 있어도 이를 사용하지 않으면 그 컴퓨터와 소프트웨어는 아무런 소용이 없다. 지금 당장 전원을 켜고 프로그램을 실행하는 것이 무엇보다 중요하다. 지금 해야 할 일을 지금 당장 하겠다는 마음 자세가 중요하다.

어떻게 하면 내가 지금 하고 있는 일에서 더 좋은 결과를 얻을 수 있을까?

이는 지금 내가 하고 있는 일에 최선을 다하기 위해서는 항상 해야 할 질문이다. "왜, 잘 안되지?"라고 묻는 대신에 "어떻게 하면 잘 될까?"라고 물어야 한다. 지금 당신이 하는 일에서 최상의 성과를 얻고자 한다면 'WHY(왜)?'를 버려라. 대신 'HOW(어떻게)?'를 생활화하라.

key_12 당신은 지금 당신이 하고 있는 일에 최선을 다하고 있는가?

 ----

1. 지금 하고 있는 일의 목록 적기

2. 1의 목록 중 바람직한 성과를 내지 못하는 일 한 가지를 고르시오.

3. 2에 대해 어떻게 하면 바람직한 결과를 얻을 수 있을지 생각하고 그 방법에 대해 쓰시오.

key_12 당신은 지금 당신이 하고 있는 일에 최선을 다하고 있는가?

당신은 안락한 노후를 위하여 어떤 준비를 하고 있는가?

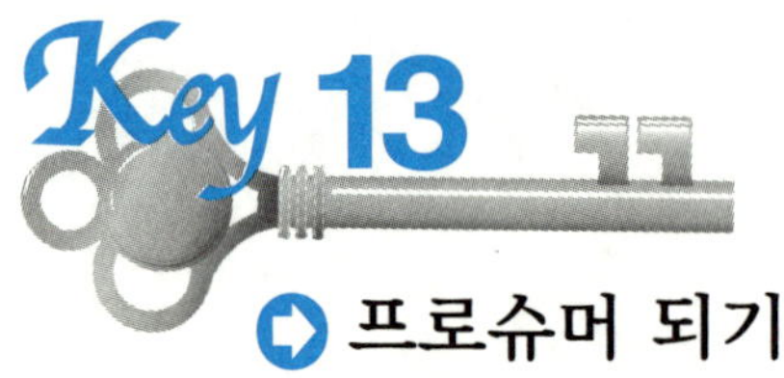

Key 13

프로슈머 되기

지금까지 우리는 어떻게 하면 내가 원하는 바람직한 미래를 창조할 수 있을까에 대해 알아보았다. 자본주의 사회에서는 풍요로운 경제활동이 전제되지 않는다면 행복한 미래는 없다.

LG경제연구원이 최근(2006년 2월 9일) 발표한 보고서에 따르면, '품위 있는 노후생활'을 위해서는 7억 원 이상의 자금이 필요하다고 한다.

'60세에 은퇴해서도 4억~5억 원이면 부부가 노후생활에

부족함이 없다.' LG경제연구원이 9일 발표한 노후생활 보고서의 결론이다. 그러나 '품위 있는 노후생활'을 위해서는 7억 원 이상의 자금이 필요하다고 보고서는 지적했다. 연구원은 이 보고서에서 "노후 대비 어려움을 과장하는 금융회사의 마케팅 전략 등의 영향으로 노후자금의 적정 규모가 7억~10억 원 수준까지 과장돼 알려져 있다"고 분석했다. 따라서 가구주 60세 이상 가계의 구성원 수가 대체로 2명(부부)에 불과하다는 점과 상류층이 아닌 중산층의 생활수준 등을 감안하면 필요 노후자금 규모를 4억~5억 원 정도로 추산했다.

'연령별 기대 수명'과 '고령가구주 가구의 연평균 생활비' 통계를 토대로 분석한 결과, 현재 연령이 30세, 40세, 50세인 동갑내기 부부가 서울에 거주할 때 예상되는 60세 이후 생활비 총액은 각각 5억 3,109만 원, 4억 297만 원, 3억 1,371만 원으로 추정됐다.

군 지역 거주자의 노후생활비 추정액은 1억 4,000만~2억 4,000만 원 수준으로 더욱 적게 나타났다. 연구원은 "현재 서울에 살고 있는 40세 동갑내기 부부는 현 시점에 당신은 당신의 노후를 어떻게 보내고 싶으십니까? 평균 이하의 생활로 여생을 보내고 싶으십니까? 아니면, 품위 있는 여생을 보내고 싶으십니까?

만일 당신이 품위 있는 노후생활을 준비 중이라면, 지금까지와는 다른 새로운 개념의 경제활동을 하는 방법에 대해 알 필요가 있다. 연을 하늘 높이 날리고자 한다면 바람이 부는 언덕을 찾아가야 할 것이다. 마찬가지로, 남들과 다른 생활을 하고자 한다면, 남들과 다른 생

key_13 당신은 안락한 노후를 위하여 어떤 준비를 하고 있는가?

각과 행동을 하는 것이 필요하다.

전통적인 방법의 경제활동에서 생산과 소비는 상반된 활동의 주체였다. 즉, 생산 활동을 하는 생산자는 돈을 버는 쪽이었고 소비 활동을 하는 소비자는 돈을 쓰는 쪽이었다. 그러나 새로운 개념의 경제활동에서는 소비자가 현명한 소비활동을 하면 생산자와 마찬가지로 돈을 벌 수 있다. 프로슈머가 그것이다. 프로슈머의 개념을 이해하지 못하는 사람들에게는 이상하게 들릴지 모르지만, 분명한 것은 소비를 통해 돈을 벌 수 있다는 사실이다.

간단히 말하면, 생산자는 돈을 벌고 소비자는 돈을 쓰는데 반해, 프로슈머는 돈을 쓰면서 돈을 버는 사람들이다. 현명한 소비를 통하여 생산자에게는 더 좋은 제품을 만들어 내도록 생산과정에 영향을 미치며, 동시에 다른 소비자들에게는 좋은 제품을 소개하는 구전광고를 하여 소득을 창출한다. 이러한 방식으로 프로슈머는 돈을 쓰면서 동시에 돈을 번다. 당신은 어느 쪽 입니까?

생산자?

소비자?

프로슈머?

프로슈머가 되기만 하면 돈을 벌 수 있는가?

key_13 당신은 안락한 노후를 위하여 어떤 준비를 하고 있는가?

163

단순한 프로슈머가 되는 것만으로 돈을 벌 수는 없다. 복리의 원리를 터득하고 함께 하고 싶은 다른 사람들에게 그 원리를 전달하여야 한다. 전통적인 경제활동에서 당신이 혼자 소비활동을 하는 것보다는 여러 사람이 모여 소비활동을 함께(공동구매)하면 물건을 싸게 구입할 수 있었을 것이다. 새로운 개념의 경제활동에서도 마찬가지다. 당신이 혼자 프로슈머로 활동하는 것은 큰 의미가 없다. 그러나 프로슈머들이 모여 그룹, 즉 네트워크를 형성하여 함께 소비활동을 한다면 큰 효과를 내게 된다.

네트워크 공동체의 가치는 이용자 수의 제곱에 비례하여 증가한다.
The community value of a network grows as the square of the number of its users increase. (Metcalfe's Law)

현명한 소비를 하는 프로슈머들이 모여 네트워크를 형성하면, 그 네트워크의 가치는 프로슈머로서 지속적인 소비활동을 하는 회원들의 수의 제곱에 비례하여 증가한다는 것이다. 예를 들어 회원 수가 10명인 그룹과 100명인 그룹이 있다면 회원 수로는 10배의 차이밖에

나지 않지만, 그 그룹이 가지는 실질적인 경제적 가치는 100배의 차이가 나는 것이다.

지금이 바로 당신의 품위 있는 노후생활을 준비하기 위해 당신이 움직여야 할 때다.

1. 현재 나의 저축 잔고는 얼마나 되는가?

2. 현재 나의 소비 습관은 어떤가?

3. 현재 내가 가지고 있는 노후 대비책은?

4. 당신의 노후 대책에 대해 쓰시오.

당신은 어떻게 백만장자 대열에 합류할 것인가?

네트워크 시스템 운영하기

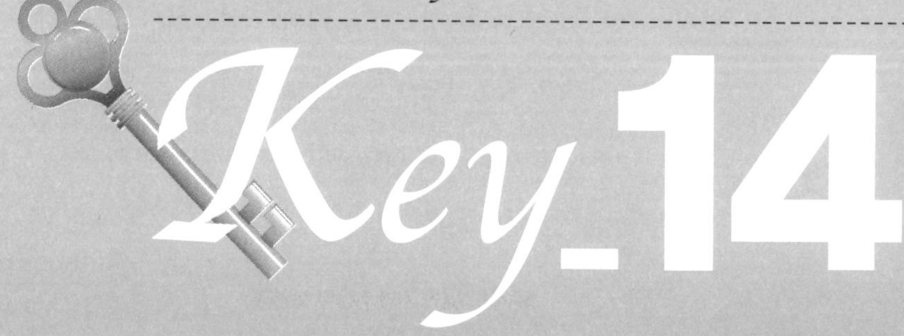

네트워크 시스템 운영하기

이 세상에 부자가 되기를 싫어하는 사람은 아무도 없을 것이다. 그러나 세상은 어떤가? 부자보다는 그렇지 못한 사람들이 훨씬 많다. 당신은 어디에 속하는가?

부자학이 존재한다. 그리고 부자학은 대수학이나 기하학과 같이 정확한 과학이다. 부를 얻는 과정을 지배하는 어떤 법칙이 있으며, 일단 그 법칙들을 배워서 따르기만 하면, 그 사람은 수학적 확실성으로 부자가 될 것이다.

There is a science of getting rich, and it is an exact science, like algebra or arithmetic. There are certain laws which govern the process of acquiring riches, and once these laws are learned and obeyed by anyone, that person will get rich with mathematical certainty. (Wallace D. Wattles)

당신이 부자가 되고자 한다면 부자들이 지닌 습성을 알고 그들의 정신을 따라할 필요가 있다. 부자의 정신을 가지기 위해서는 우선 돈에 대한 사고를 바꾸어야 한다. 돈에 대해 의식적으로, 긍정적으로 생각하는 것이 필요하다.

돈에 대한 비밀 심리학이 있다. 대부분의 사람들은 그것을 알지 못한다. 그래서 그들은 재정적으로 성공하지 못한다. 돈의 부족이 문제가 아니다. 그것은 당신의 내부에서 일어나고 있는 하나의 증상일 뿐이다.

There is a secret psychology to money. Most people don't know about it. That's why most people never become financially successful. A lack of money is not the problem; it is merely a symptom of what's going on inside you. (T. Harve Erker)

당신도 백만장자가 될 수 있다.

미국의 경우, 백만장자의 수는 1980년에 150만, 2000년에 700만, 2005년에 750만 명에 이르렀다고 한다. 그런데 시카고에 본부를 둔 컨설팅회사 스펙트럼그룹이 2006년 4월 19일 발표한 조사보고서에 따르면 순 자산이 100만 달러를 넘어선 백만장자는 830만 명에 달했다고 한다. 1년 사이 80만 명 정도가 증가한 것이다. 이 수는 2020년에 이르면 5,000만 명이 넘을 것으로 예상하고 있다.

미국에서는 매 4분마다 한사람씩 백만장자가 생겨나고 있는 것으로 추정된다. 약간의 계획, 자기 훈련 그리고 노력을 통하여 당신도 백만장자 중 한사람이 될 수 있다.
It has been estimated that someone in America becomes a millionaire every 4 minutes. With a little planning, self-discipline, and effort, one of these millionaires can be you.
(Jack Canfield)

한편, '2005세계부자보고서'에 따르면, 2004년 말 기준 순수 금융

key_14 당신은 어떻게 백만장자 대열에 합류할 것인가?
**
171

자산 백만 달러(10억) 이상을 가진 한국의 백만장자는 7만 1,000명이며, 이는 1년 전보다 10.5% 늘어난 수치라고 한다. 그런데 2004년 7월 발표된 보스톤컨설팅그룹의 조사에서는 당시 한국의 금융 백만장자는 5만 2,000명이었다고 한다. 조사 단체가 달라 정확한 비교가 될 수는 없겠으나, 산술적으로 계산해보면 불과 반년 사이에 거의 2만 명 가까이가 새로운 백만장자 대열에 진입한 것이다. 이런 추세라면 한국의 백만장자의 수는 2020년이 되면, 100만 명을 넘어설 것으로 예상된다.

또한, 최근 메릴린치와 캡제미니가 발표(2006. 6. 20)한 '세계부유층연례보고서'에 의하면, 2005년 백만장자의 수가 많이 늘어난 나라는 한국으로 전년에 비해 21.3%가 증가했다고 한다. 이 자료에서의 백만장자는 기본 주거용 주택을 제외한 순 금융 자산을 100만 달러 이상 소유하고 있는 사람(HNWI)이라고 한다.

한국 내에서 HNWI가 급격하게 늘어난 것은 지난해 54%의 종합주가지수(KOSPI) 오름세를 보인 증시 활황이 주된 이유 가운데 하나로 꼽혔다.

메릴린치와 캡제미니의 조사를 근거로 보면, 한국에서의 백만장자
의 수는 해마다 급증하고 있다. 그런데 우리의 현실은 어떤가?

〈서울신문〉(2006. 6. 28)의 보도에 따르면, 우리나라 국민 1인당
평균 개인 빚이 1,300만 원에 달한다고 한다.

로 나눠 보면 1인당 약 1,290만 원의 빚을 지고 있는 셈이
다. 지난해 말의 1인당 개인 빚 1,273만 원보다 약 13만 원
정도 늘었다.

올 1·4분기에는 석 달 간(1~3월) 주택담보대출 증가액이
2조 878억 원에 그치는 등 증가세가 눈에 띄게 둔화됐지
만, 1인당 개인 빚은 증가세를 지속했다. 실제로 시중은행
의 주택담보대출 증가세가 주춤한 가운데 개인이 은행 등
금융기관에서 빌린 돈(자금조달액)은 8조 1,000억 원으로,
전분기(19조 7,000억 원)의 절반 수준으로 줄었다.

그러나 2분기 들어서는 주택담보대출이 다시 크게 늘었다.
4, 5월 두 달 동안만 1분기의 3배에 달하는 6조 2,104억 원
의 증가액을 기록했다. 때문에 2분기 기준으로는 1인당 개
인 빚은 1,300만 원을 넘어설 것으로 전망된다.

부익부 빈익빈 현상이 가속화되는 이러한 상황에서 우리가 백만장
자가 될 수 있는 방법은 무엇인가?

부를 창출하는 시스템을 이용하는 것이다. 시스템에는 여러 종류

가 있다. 부동산 임대업을 하는 사람이라면 부동산이 시스템이 될 수도 있고, 미국의 맥도널드나 한국의 BBQ 치킨 같은 프랜차이즈 회사의 가맹점이 되는 것도 부를 창출하는 시스템이다. 그런데 부동산 임대업이나 프랜차이즈 가맹점이 되는 데는 많은 초기 자본이 필요하다.

그렇다면 그러한 시스템을 이용할 수 없는 평범한 사람들이 품위 있는 노후를 보내기 위해, 필요한 만큼의 돈을 가진 부자가 될 수 있는 방법은 무엇인가?

소비 습관을 바꾸어야 한다. 평범한 사람들이 바꿀 수 있는 소비 습관은 바로 프로슈머가 되는 것이고, 프로슈머들의 네트워크를 형성하는 것이다. 세계적 베스트셀러 작가인《영혼을 위한 닭고기 스프》의 저자 잭 캔필드(Jack Canfield)는 《독수리처럼 나비처럼 성공의 원리(The Success Principles)》에서 더 많은 돈을 벌기 위해서는 네트워크 마케팅 회사에 합류하라고 조언한다.

수백만 명이 네트워크 마케팅 회사에 참여함으로써 한 달에 수천달러의 수입을 벌어들이고 있으며, 많은 사람들이

백만장자가 되고 있다. 실제로 1990년대 중반 이후 미국
에서만 네트워크 마케팅을 통해서 10만 명 이상의 백만장
자가 배출되었다는 보고가 있다.

Millions of people are adding thousands of dollars a month
to their incomes by participating in network marketing com-
panies and many are becoming millionaires. In fact, it has
been reported that network marketing has produced over
100,000 millionaires since the mid-1990s in the United
States alone! (Jack Canfield)

현재 우리나라에도 네트워크 시스템을 이용하여 백만장자가 된 사
람이 많은 것으로 알려지고 있다. 전체 백만장자 증가 추세를 고려한
다면, 앞으로 네트워크 회사의 사업기회, 즉 네트워크 시스템을 통한
백만장자의 수도 지속적으로 늘어날 것이다. 2020년 한국의 전체 백
만장자 중 10% 이상을 네트워크 사업자가 차지할 것으로 전망된다.

네트워크 마케팅에서 성공할 수 있는 기회는 누구에게나 열려 있
다. "내가 컴퓨터 사업을 시작하지 않았더라면 네트워크 마케팅 사업

을 했을 것이다"라고 한 빌 게이츠와 "누구에게나 밝은 미래에 대한 기회를 주고, 자영업을 통해서 새 일자리를 창출하는 네트워크 마케팅 종사자들은 세계 경제 발전의 주역이다"라고 한 전 미국 대통령 클린턴의 말에서 네트워크 마케팅의 밝은 미래를 전망할 수 있다.

그러면, 네트워크 마케팅을 통해서 성공하려면 어떻게 해야 하는가?

많은 네트워크 마케팅 회사들이 오랫동안 지속되지 못하는 경우가 많으므로 네트워크 마케팅을 당신의 일로 선택할 때는 회사와 그 회사의 제품에 대해 면밀한 조사가 선행되어야 한다. 비교적 오랜 시간 지속된 회사여야 하고 주변 사람들의 평판이 좋은 회사여야 한다. 당신이 제품들을 사용해 보고 그것들이 좋다는 확신을 가져야만 한다. 그래야만 열정이 생기게 되고 다른 사람들에게 소개할 수 있기 때문이다.

만일 당신이 제품과 사람들에 대해 열정적이 되면, 다운라인과 함께 만드는 지렛대 원리를 통하여 많은 돈을 벌 수 있다. 적은 재정적 투자로 그렇게 큰 기회를 포착할 수 있는 사업은 많지 않다.

한편, 하브 에커(T. Harve Eker)는 "사업 시스템은 이익을 창출하는 반복적인 과정"이라고 하여 시스템의 중요성을 이야기 한다. 부자가 되기 위한 중요한 요소 중 하나가 시스템이고, 시스템을 통하여 시간과 돈으로부터 자유를 얻을 수 있다고 한다.

시스템이 당신에게 자유를 준다.

The system gives you freedom.

그리고 이 시스템은 복제가 가능해야 하며, 네트워크 마케팅 회사들은 복제의 다른 형태라고 말한다.

일단 작동하는 어떤 것을 가지게 되면, 그것을 복제하는
데 집중하라.

Once you have something that works, you concentrate on
duplicating it.

뛰어난 네트워크 마케터들은 복제가 당신을 부자로 만들
어 준다는 것을 이해하고 있다. 이들은 20,000명 이상의
하위 그룹을 가지고 있으며, 1년에 10억 원 이상의 수입을
창출한다.

The best network marketers understand that duplication can
make you rich! These network marketing distributors have
'downlines' numbering over 20,000 people, and generate
incomes over $1,000,000 a year!

이제 선택은 당신의 몫이다. 열심히 일하는 것 보다는 '영리하게
일하는 지혜'가 필요하다.

1. 현재 나의 자산은?

2. 현재 나의 주 수입원은 무엇인가?

3. 나는 정기적인 수입을 위한 어떤 시스템을 가지고 있는가?

4. 내가 백만장자가 되는 것이 분명한 사실이라면, 백만장자가 되기 위해
   어떻게 준비해야 하는가?

당신은 당신의 미래를
어떻게 그리고 있는가?

➡ 원하는 바를 성취한 자신의 모습 시각화하기

Key 15

➡ 원하는 바를 성취한 자신의 모습 시각화하기

당신이 품위 있는 노후를 살기를 선택했다면, 이미 그렇게 살고 있는 당신의 모습을 상상하라. 당신이 성공한 미래의 모습을 그림으로 또는 마치 영화를 보듯이 영상을 통하여 지금 바로 눈앞에 나타난 현실을 보는 것처럼 보는 것은 두뇌가 앞으로 그렇게 되도록 움직이는 데 중요한 역할을 한다. 그림이나 영상을 상상할 수 있다는 것은 실제로 그러한 일은 일어난다는 것을 의미한다.

그림이나 영상으로 자신의 미래의 성공한 모습을 상상할 때는 시각뿐만 아니라 신체의 다른 기관을 모두 동원하라. 오감을 통하여 당신이 누리고 있는 생활을 생생하게 느끼도록 하라. 당신이 누리고 있는 생활을 그림을 통하여 보고, 소리로 듣고, 냄새를 맡으며, 촉감을 통하여 느껴 보라. 당신은 지금 계곡이 흐르는 산속에서 당신이 가장 사랑하는 사람과 함께 새소리를 들으며, 주변에 피어있는 꽃들을 살피며, 산책을 할 수도 있다. 또한 당신은 해변에서 보트를 타고 있을 수도 있다. 그러한 당신의 모습들을 끊임없이 마음속에서 그려보기 바란다.

생각만큼 빠르게 날고 어디든지 가기 위해서, 우선 당신이 이미 도착한 것을 아는 것으로 시작해야 한다.
To fly as fast as thought, to be anywhere there is, you must first begin by knowing that you have already arrived.
(Richard Bach)

고상한 꿈을 꾸어라. 그러면 당신이 꿈꾸는 대로 될 것이다.
Dream lofty dreams, and as you dream, so shall you become.
(James Allen)

열다섯 걸음만 가면 성공이 보인다

당신이 마음속에서 어떤 것을 생생하게 보면, 당신의 내부
에 있는 당신의 창조적 '성공 기계'는 의식적 노력이나 '의
지'로 그 일을 할 수 있었던 것보다 훨씬 더 잘 그 일을 하
게 된다.

When you see a thing clearly in your mind, your creative
'success mechanism' within you takes over and does the job
much better than you could do it by conscious effort or
'willpower.' (Maxwell Maltz)

나는 상상력이 지식보다 더 강하고 신화는 역사보다도 더
설득력이 있다고 믿는다. 나는 꿈이 사실보다도 더 강력하
며, 희망은 항상 경험을 능가하는 성취를 한다고 믿는다.

I believe that imagination is stronger than knowledge that
myth is more potent than history. I believe that dreams are
more powerful than facts that hope always triumphs over
experience. (Robert Fulghum)

당신의 두뇌는 당신의 그러한 행동들을 모두 실제로 인식하게 되

고 그러한 방향으로 당신이 행동하도록 프로그래밍 될 것이다. 그리고 당신이 그 프로그램에 따라 행동한다면 당신이 그리는 그림은 반드시 현실이 될 것이다.

(원하는 바를 성취하고 품위 있는 노후를 보내고 있는 자신의 모습을 시각, 청각, 촉각을 모두 사용하여 표현해 보세요.)

key_15 당신은 당신의 미래를 어떻게 그리고 있는가?

미래는 자신의 꿈의 아름다움을 믿는 사람들의 것이다

내가 할 수 있다고 생각하기 때문에 나는 할 수 있다.

I can because I think I can. (Mike Brescia)

이 세상에는 많은 사람들이 살고 있고 그 사람 수만큼 생각도 다양하다. 당신이 선택한 당신의 생각을 믿고 실천하기 바란다.

우리가 생각하는 모든 사고는 우리의 미래를 창조한다.

Every thought we think is creating our future. (Loise Hay)

이 세상에 존재하는 모든 만물에게 공평한 것이 있다면 그것은 무엇일까?

이 세상에 살고 있는 모든 사람들에게 공평한 것이 있다면 그것은 무엇일까?

나는 앞의 두 질문에 대한 답으로 눈에 보이지 않고, 소리도 없으며, 그렇다고 만져보거나 맛을 느낄 수도 없지만 우리의 모든 삶의 여정을 지배하는 '시간'을 들고 싶다.

'세월유수(歲月流水)'라는 한자성어에서는 시간을 흐르는 물에 비유하고 있다. 만일 시간이 물이라면 우리가 눈으로 볼 수 있고, 물이 장소에 따라서 내는 소리를 들을 수도 있고 마실 때 맛으로 느낄 수도 있다. 그러나 여기서는 오직 속도를 말하는 것이다. 잔잔한 호수에 있는 물은 정지 상태와 같다. 이 물은 시간이 흐르지 않음을 비유할 수 있고, 폭포에서 쏟아지는 물이나 경사가 급한 곳의 강에 흐르는 물은 시간이 빨리 지나감을 비유할 수 있을 것이다.

또, '일일여삼추(一日如三秋)'라는 말은 하루가 가을을 세 번 보내는 것 같다는 말로 '아주 짧은 시간이 오랜 세월로 느껴진다'는 뜻이다.

사람들은 시간에 대해 어떤 마음인가? 사람들이 처한 사정에 따라 각기 해석방법이 다르다. 어떤 희망적인 것을 기다리는 상황이라면 시간이 '일일여삼추(一日如三秋)'일 것은 분명한 사실이다.

시간을 어떻게 느끼는지의 문제는 별개로 하더라도 분명한 사실은 물

리적으로 나타나는 시간은 누구에게나 하루 24시간이 주어지며, 그 24시간의 활용에 있어서는 돈으로 시간을 사는 사람이 있고, 시간으로 돈을 사는 사람이 있다는 점이다. 여기서 중요한 것은 시간으로 돈을 사는 사람들보다는 돈으로 시간을 사는 사람들이 부자라는 사실이다.

이제 당신은 품위 있는 노후를 위하여 '행복한 미래를 여는 Key 15'를 통해 돈으로 시간을 사는 사람이 되는 현명한 선택을 하였다. 당신이 'Key 15'의 원리들을 실천함으로써 백만장자가 되고, 시간과 돈으로부터 자유로워지고, 행복한 미래의 주인공이 되기를 바란다.

〈인간우수성개발연구소〉에서

에필로그

〈인간우수성개발연구소〉의 프로그램 안내

1. 청소년을 위한 우수성개발 워크숍

   1)초등학생

   2)중학생

   3)고등학생

   4)홈스쿨링 학생

2. 일반인을 위한 우수성개발 워크숍

3. 특기자의 우수성개발을 위한 워크숍

   1)우수 운동선수 되기

   2)우수 연기자, 가수 되기

4. 자신감 키우기 세미나

5. 공감적 대화 기술

6. 파워 스피킹

7. 프리젠테이션 스킬

8. NLP 코칭, 리더십

9. 국제공인 NLP 프랙티셔너 교육

10. 국제공인 NLP 매스터 프랙티셔너 교육

11. 우수성개발, 자신감 키우기 강사양성과정

서울특별시 강남구 역삼동 837-18 거성빌딩 214호 | Tel_0502-623-5100 | Fax_02-555-9624
http://hedi.co.kr | E-mail_academy@hedi.co.kr